세상을 바꾸는 씨앗

유치부 교사용

이 책은 조국형·정승아 님의 후원금으로 만들어졌습니다.

세상을 바꾸는 씨앗 유치부 교사용

기획 · 월드휴먼브리지(대표 김병삼)
지은이 · 문지회(민들레커뮤니티)
감수 · 김성중(장로회신학대학교 기독교 교육과 교수)
일러스트 · 김혜연(@hessedrawing)
초판 발행 · 2022. 8. 31.
등록번호 · 제1988-000080호
등록된 곳 · 서울특별시 용산구 서빙고로65길 38
발행처 · 사단법인 두란노서원
영업부 · 2078-3352 FAX 080-749-3705
출판부 · 2078-3331

책 값은 뒤표지에 있습니다.
ISBN 978-89-531-4296-1 04230
ISBN 978-89-531-4294-7 04230(세트)

편집부에서 독자의 의견을 기다립니다.
tpress@duranno.com   http://www.Duranno.com

두란노서원은 바울 사도가 3차 전도여행 때 에베소에서 성령 받은 제자들을 따로 세워 하나님의 말씀
으로 양육하던 장소입니다. 사도행전 19장 8-20절의 정신에 따라 첫째 목회자를 돕는 사역과 평신도
를 훈련시키는 사역, 둘째 세계선교(TIM)와 문서선교(단행본·잡지) 사역, 셋째 예수문화 및 경배와
찬양 사역, 그리고 가정 · 상담 사역 등을 감당하고 있습니다. 1980년 12월 22일에 창립된 두란노서
원은 주님 오실 때까지 이 사역들을 계속할 것입니다.

자선으로 이루어 가는 하나님 나라

세상을
바꾸는 씨앗

월드휴먼브리지

두란노

예수께서 이르시되

네 마음을 다하고 목숨을 다하고 뜻을 다하여

주 너의 하나님을 사랑하라 하셨으니

이것이 크고 첫째 되는 계명이요

둘째도 그와 같으니

네 이웃을 네 자신같이 사랑하라 하셨으니

이 두 계명이 온 율법과 선지자의 강령이니라

마태복음 22:37-40

인사말   _6

추천의 글   _8

기획 의도 및 주제 해설   _14

한눈에 보는 '세상을 바꾸는 씨앗'   _20

이 책에 대하여   _22

교사를 위한 가이드   _24

구성과 활용 가이드   _26

전체 단원 요약   _30

1과   하나님만 사랑하면 되나요?   _33

2과   이 사람도 이웃인가요?   _49

3과   어떤 태도로 도와야 하나요?   _63

4과   무엇으로 도울 수 있나요?   _79

5과   또 다른 기부 방법이 있나요?   _93

6과   자선은 언제까지 해야 하나요?   _107

부록   자선 단체 리스트   _121

'세상을 바꾸는 씨앗'을 꿈꾸며

그리스도인으로서 잘사는 방법은 무엇일까요? 바로 하나님의 뜻을 알고, 삶 속에서 실천하는 것입니다. 그리스도인답게 살아가는 방법에는 여러 가지가 있지만, 그중에서도 이웃 사랑을 빼놓을 수 없습니다. 성경에서 말하는 이웃 사랑은 사회적 약자들을 돌보는 것에 초점이 있습니다. 이러한 정신을 바탕으로 시작된 국제구호개발 NGO 월드휴먼브리지는 교회를 넘어 세상 속에서 소외된 이웃을 섬기는 일을 해 왔습니다.

그동안 월드휴먼브리지의 사역이 국내외 어려운 이웃을 돕는 것에 집중했다면, 이제는 한 걸음 더 나아가 한국 교회와 한국 사회를 변화시키는 데 집중하려고 합니다. 그것은 바로 자선의 철학을 정립하고, 교육하는 일입니다. 특별히 다음 세대를 대상으로 기독교 자선에 관해 교육하는 것이 매우 중요합니다.

유대인들은 어릴 때부터 이웃 돕는 일을 자연스럽게 배우고 실천하고 있습니다. 이 전통을 '쩨데카'라고 하지요. 부모는 자녀에게 저금통을 선물하며 가난한 사람을 돕는 돈을 모으도록 가르칩니다. 자녀는 자선을 실천하는 부모를 보면서 따라 배우게 됩니다. 이에 비해 우리나라에서는 자선과 기부에 대한 인식과 교육이 미흡합니다. 이는 가정과 교회에서도 크게 다르지 않습니다.

기독교 자선 교육 교재 《세상을 바꾸는 씨앗》은 성경을 바탕으로 자선의 의미와 이유부터 구체적인 실천까지 다루고 있습니다. 어릴 때부터 말씀을 통해 자선과 기부에 관해 배우고 실천하다 보면, 성인이 되어서는 굳이 강조하지 않아도 자연스럽게 실천하게 될 것입니다. 부디 다음 세대가 본 교재를 통해 기부와 자선을 삶의 일부분으로 받아들이게 되기를 간절히 바랍니다. 자선과 기부를 통해 이 땅에서 하나님 나라를 경험하고, 또 경험케 하는 '세상을 바꾸는 씨앗'을 심는 자들이 되기를 축복합니다.

월드휴먼브리지 대표

김병삼

이웃 사랑은 교회의 부차적인 기능이 아니라 본질적인 사명입니다.《세상을 바꾸는 씨앗》은 그리스도인의 이웃 사랑을 위한 체계적이고 종합적인 안내서입니다. 이론적인 내용과 함께 구체적인 실천 방안까지 성경에 근거하여 제시하고 있습니다. 우리 자녀들이 성숙하고 균형 잡힌 그리스도인으로, 동시에 한국 사회의 건강한 민주 시민으로 자라가는 데 이 책이 큰 도움을 줄 것입니다. 이 교재가 한국 교회에 널리 사용되기를 바랍니다.

김경진 소망교회 담임목사

아이들에게 가르쳐야 할 중요한 것이 참 많습니다. 저는 그중 하나가 '돈'이라고 생각합니다. 돈이 무엇인지, 왜 중요한지, 그 한계는 무엇이며 어떻게 벌어야 하는지, 어떻게 관리해야 하는지 등등 가르쳐야 할 것들이 얼마나 많은지 모릅니다. 그중에서도 가장 중요한 것은 '어떻게 써야 하는가'입니다. 이를 어려서부터 가르치는 일은 너무나 중요합니다.

그런 의미에서 월드휴먼브리지에서 아이들을 위하여《세상을 바꾸는 씨앗》이라는 교재를 만들어 출판하게 된 것이 얼마나 감사한지 모릅니다. 이 귀한 책자를 통하여 우리 아이들이 '세상을 바꾸는 씨앗'이 되기를 바라고, '세상의 복이 되는 아이들'로 자라게 되기를 기대합니다.

김동호 목사, 에스겔 선교회 대표

자선을 '특별'하게 생각하는 이들이 많습니다. 그러나 자선은 특별한 것이 아니라 '일상'입니다. 생각보다 어렵지 않고, 우리 가까이에 있습니다. 다만 잘 모를 뿐입니다. 특별히 기독교 자선 공과 교재를 통해 하나님 사랑, 이웃 사랑을 실천하는 자선이 일상에 가깝다는 것을 우리 다음 세대가 알기 원합니다. 그리고 더 나아가 자선을 통해 세상을 변혁할 거룩한 다음 세대가 일어나게 될 것을 기대합니다.

김종원 경산중앙교회 담임목사

세상에는 열매를 거두는 사람이 있고, 씨앗을 뿌리는 사람이 있습니다. 사람들은 열매에 관심을 두곤 하지만, 씨앗을 뿌리는 사람이 많아야 세상은 더욱 행복해집니다. 작고 연약한 씨앗이 어떻게 생명을 살리고 세상을 바꿀 수 있는지를 알아야 하고, 그 방법도 배워야 합니다. 귀한 교재를 통해 다음 세대들이 씨앗을 뿌리며, 세상을 바꾸는 인생으로 자라나길 축복합니다.

안광복 청주상당교회 담임목사

하나님을 향한 사랑은 이웃 사랑으로 드러나야 정상입니다. 예수님은 선한 사마리아인의 비유를 통해 이웃 사랑의 실제를 가르쳐 주셨습니다. 성경은 베풂으로 가득합니다. 그리스도인에게 자선은 선택이 아니라 필수입니다. 지금은 교회 담장을 넘은 사랑의 실천이 필요한 때입니다. 이 교재를 통해 성경적 자선을 일상 속에서 실천함으로써 하나님 나라를 드러내는 그리스도인들이 많이 일어나길 바랍니다.

이규현 수영로교회 담임목사

예수님은 우리에게 새 계명을 주셨는데, 곧 하나님 사랑과 이웃 사랑입니다. 그리스도인은 하나님께 받은 사랑을 교회 담장 밖 이웃과 나누고 선한 영향력을 끼치며 살아야 합니다. 《세상을 바꾸는 씨앗》은 유치부부터 청소년부까지 다음 세대에게 이웃, 특히 약한 사람을 왜, 어떤 태도로 도와야 하며 구체적으로 어떻게 도와야 하는지 성경적인 방법을 알려 줍니다.

어릴 때부터 공동체의 중요성을 가르치고, 타인을 배려하며, 소외된 사람을 섬기는 가치관을 심어 주는 자선 공과 교재가 나와서 너무나 기쁩니다. 선한 그리스도인은 위대해 보이지 않을지라도 예수님을 닮은 귀한 존재입니다. 믿음 안에서 자라는 우리 자녀들이 예수님과 함께 아름다운 씨앗을 심고, 그 씨앗이 열매를 맺어 세상을 풍요롭게 바꾸리라 믿습니다.

이재훈 온누리교회 담임목사

땅에 심긴 씨앗의 가치는 언제 알 수 있을까요? 싹이 움트고 자랄 때는 잘 모릅니다. 하지만 큰 나무가 되고 아름다운 열매를 맺을 때, 비로소 씨앗의 진정한 가치가 나타납니다.

《세상을 바꾸는 씨앗》은 다음 세대 어린이와 청소년들 마음에 자선과 나눔이라는 소중한 씨앗을 심는 책입니다. 모두가 더불어 살아가는 하나님 나라를 만드는 데 밑거름이 되는 책입니다. 《세상을 바꾸는 씨앗》이 믿음의 다음 세대와 그들을 섬기는 모든 이들의 삶 속에 귀한 영향력을 미치리라 소망하며 기쁜 마음으로 추천합니다.

임용택 안양감리교회 담임목사

어릴 때 경험하는 말씀 교육의 중요성은 아무리 강조해도 지나치지 않습니다. 많은 분이 외우고 있는 대부분의 성경 말씀은 주일 학교 때 외운 말씀들이 아닐까 싶습니다. 이 교재를 통해 동일한 영향력이 많은 분에게 일어나기를 바랍니다. 어릴 때부터 '하나님 사랑'을 깨닫고 '이웃 사랑'으로 나누는 방법을 배운 아이들이 어른으로 자랄 때까지 계속해서 그 사랑을 실천하여 열매 맺기를 바랍니다. 열매를 맺기 위해서는 씨앗이 심겨야 하는데, 이 교재가 아이들 가슴속에 심어지는 귀한 씨앗이 되기를 바랍니다.

지성업 산성교회 담임목사

또 비유를 들어 이르시되 천국은 마치 사람이 자기 밭에 갖다 심은 겨
자씨 한 알 같으니 이는 모든 씨보다 작은 것이로되 자란 후에는 풀
보다 커서 나무가 되매 공중의 새들이 와서 그 가지에 깃들이느니라

(마태복음 13:31-32)

한국 교회의 신뢰도가 급격히 추락함으로써 전도가 힘들어진 시대
에 우리는 기독교인으로 살아가고 있습니다. 이러한 현상의 원인을
내부에서 찾자면 우리가 하나님의 말씀인 성경대로 살지 못했기 때
문일 것입니다. 말씀 안에서의 앎과 삶이 일치하지 않았기 때문입니
다. 즉 아는 대로 실천하며 살지 못했기 때문입니다. 설교를 자주 들
었지만, 성경을 많이 읽었지만, 아는 대로 살지 못했다는 자기 반성
이 필요한 시점입니다.

예수님의 가르침의 핵심은 바로 하나님 사랑과 이웃 사랑입니다.

예수께서 이르시되 네 마음을 다하고 목숨을 다하고 뜻을 다하여 주
너의 하나님을 사랑하라 하셨으니 이것이 크고 첫째 되는 계명이요
둘째도 그와 같으니 네 이웃을 네 자신 같이 사랑하라 하셨으니 이 두
계명이 온 율법과 선지자의 강령이니라 (마태복음 22:37-40)

우리는 지성과 감정과 의지로써, 즉 전인격을 다해 하나님을 사랑해야 합니다. 그리고 주변 이웃을 나 자신같이 사랑해야 합니다.

여기서 쓰인 "사랑"은 모두 헬라어 '아가페'를 번역한 것입니다. 아가페란 하나님이 베풀어 주시는 무조건적인 사랑을 의미합니다. 하나님은 죄를 가장 미워하시는데, 죄인인 우리를 용서하고 구원하시기 위해 하나밖에 없는 독생자 예수 그리스도를 십자가의 대속물로 죽게 하셨습니다. 바로 그 하나님의 끝없는 무조건적인 사랑을 우리가 받았습니다. 우리는 그 사랑을 받아 누린 자들입니다.

그런데 더 중요한 것은 이 아가페의 사랑을 받은 사람은 동일하게 하나님과 이웃을 아가페의 사랑으로 사랑해야 한다는 것입니다. 하나님을 사랑하는 자는 이웃을 사랑하기 마련입니다. 하나님 사랑과 이웃 사랑은 연결되어 있습니다.

사도 요한은 이렇게 말합니다.

우리가 사랑함은 그가 먼저 우리를 사랑하셨음이라 누구든지 하나님을 사랑하노라 하고 그 형제를 미워하면 이는 거짓말하는 자니 보는 바 그 형제를 사랑하지 아니하는 자는 보지 못하는 바 하나님을 사랑할 수 없느니라 (요한일서 4:19-20)

기독교 신앙은 하나님을 닮는 것입니다. 하나님이 우리를 사랑하셨으니 우리도 하나님을 닮아 사랑하는 삶을 살아야 마땅합니다. 예수님이 제자들의 발을 씻겨 주신 이유가 무엇입니까? 사랑의 본을 보여 주신 것입니다. 너희도 다른 사람의 발을 씻겨 주라는 것입니다 (요한복음 13:14-15).

우리는 하나님의 아가페 사랑을 받은 만큼 이웃을 사랑으로 품지 못했던 부족한 모습을 반성하고, 이제는 가정과 학교와 직장과 지역사회, 곧 세상에서 하나님의 아가페 사랑을 실천하며 빛과 소금으로 살아야 합니다. 이웃의 범위는 넓지만, 우리가 특별히 관심을 가져야 하는 우선 대상은 바로 사회적 약자입니다. 구약에서 하나님의 특별한 관심은 사회적 약자를 향해 있었고, 그들을 품고 돌보고 실제적인 도움을 주면서 사랑을 베풀라고 말씀하셨습니다.

너희 중에 분깃이나 기업이 없는 레위인과 네 성중에 거류하는 객과 및 고아와 과부들이 와서 먹고 배부르게 하라 그리하면 네 하나님 여호와께서 네 손으로 하는 범사에 네게 복을 주시리라 (신명기 14:29)

신약의 예수님은 이 땅에 오셔서 가난하고 소외되어 병들고 힘든 삶을 살았던 사회적 약자들의 친구가 되어 주셨고, 그들의 실제적인 필요를 채워 주시면서 사랑을 베푸셨습니다. 그러므로 우리도 사회적 약자들에게 특별한 관심을 가지고 아가페 사랑을 실천해야 합니다.

도움이 필요한 이웃에게 하나님의 아가페 사랑을 베푸는 구체적인 방법이 바로 '자선'입니다. 안타깝게도 한국 교계에서는 자선이 일회성 이벤트로 치부되고 있습니다. 부활절, 추수감사절, 성탄절과 같은 특별한 절기에 일회적으로 시행되는 경우가 많습니다. 그러나 자선은 이벤트가 아닌 일상이 되어야 합니다.

더욱 안타까운 것은 자선에 대한 교육 커리큘럼이나 프로그램이 전무하기에 일상 속에서 자선이 왜 필요한지, 성경적인 관점에서 자선이 어떤 것인지, 자선을 어떻게 구체적으로 실천할지를 모른다는 것입니다. 하나님의 아가페 사랑을 실천하는 삶을 살기 위해서는 자선에 대한 체계적이고 종합적인 교육이 필요합니다. 이 교육은 어릴 때부터 시행해야 효과가 큽니다. "세 살 버릇 여든까지 간다"는 속담이 있듯이 어릴 때 교육으로 습관화된 실천은 평생 지속되기 마련입니다.

이러한 이유로 한국 교회에서 자라나는 다음 세대에게 기독교 자선이란 무엇이며 어떤 태도와 방법으로 실천해야 하는지를 구체적으로 가르치고 안내하기 위해 본 교재를 기획했습니다.

본 교재의 특징은 다음과 같습니다.

첫째, 기독교 자선의 배경으로 하나님 사랑과 이웃 사랑을 제시합니다.

둘째, 이웃 사랑의 범위는 세상 모든 사람으로 확장해야 한다고 가르칩니다.

셋째, 도움이 필요한 이웃을 돕기 위해서는 무엇보다도 주님께 감사하는 태도와 넉넉한 배려심이 필요함을 가르칩니다.

넷째, 자선의 방법은 물질 기부와 재능 기부로 나누어 소개합니다.

다섯째, 기독교인의 자선은 삶 자체가 되어야 하며, 끝까지 완수해야 하는 사명임을 가르칩니다.

예수님은 "천국은 마치 사람이 자기 밭에 갖다 심은 겨자씨 한 알"(마태복음 13:31)과 같다고 말씀하셨습니다. 겨자씨는 모든 씨앗보다 작은 씨앗입니다. 그러나 큰 생명을 품고 있습니다. 그래서 겨자씨가 "자란 후에는 풀보다 커서 나무가 되매 공중의 새들이 와서 그 가지에"(마태복음 13:32) 깃들게 되고, 나무는 또 다른 열매, 즉 씨앗을 맺습니다. 이처럼 한 사람이 누군가에게 자선을 베풀면, 그 사람이 또 다른 누군가에게 자선을 베풀게 될 것입니다. 자선은 "세상을 바꾸는 행복한 씨앗"입니다.

자선은 고통과 아픔 가운데 있는 누군가의 삶 속에 하나님의 사랑과 위로와 소망을 전하는 고귀한 사명입니다. 그러므로 우리는 자선을 통해 하나님의 뜻을 이루어 가는 삶을 살아갈 수 있습니다. 자선을 행할 때 하나님의 사랑이 가득한 아름다운 세상이 이루어지기를 꿈꿉니다.

한눈에 보는 '세상을 바꾸는 씨앗'

기독교 자선 교육의 정의

'기독교 자선 교육'이란 성경의 가르침에 따라 하나님 사랑, 이웃 사랑을 실천하는 자선가를 양성하는 교육입니다. 어린이가 사회의 구성원이자 선행의 주체로서 상호 의존하는 공동체 정신을 배우고, 타인에 대한 존중과 소외된 이웃을 향한 관심과 배려를 몸소 체험하며 함께 살아가는 방법을 익혀 복음을 실천하는 책임 있는 기독교 자선가로 성장하도록 돕습니다.

교육 목표

첫째, 자선의 개념과 필요성을 성경적·사회적인 측면에서 이해할 수 있도록 정보를 제공하여 균형 잡힌 관점을 갖도록 합니다.

둘째, 사회 공동체에서 필요로 하는 우호적인 태도 및 타인과의 연대감과 약자를 보호하는 마음을 배워 그리스도인의 사회적 책임을 실감하고 실천하도록 가르칩니다.

셋째, 자선의 다양한 방법에 관한 기본 지식을 습득하고, 나아가 자신의 상황에 맞는 자선 방법을 탐색하여 실천하는 역량을 강화합니다.

교수 학습 전략

학습자 중심 교육(Learner-Centered Learning)

기존의 교사 중심 학습에서 벗어나 학습자가 주체적으로 참여하고 능동적으로 지식을 습득하는 것을 목표로 교육합니다. 학습자가 학습에 능동적·적극적으로 참여할 수 있는 다양한 교수 학습 환경(instructional environment)을 제공하여 학습자의 내재적 동기 향상 및 효과적인 학습을 기대합니다.

협동 학습(Cooperative Learning)

자선을 통해 더 나은 세상을 만들기 위해서는 함께하는 노력이 필요합니다. 따라서 개인적 차원에서의 학습보다는 동료 학습자와의 협동 학습을 통해 다각적·통합적·심층적인 사고를 유도하고자 합니다. 학습자는 공동체 구성원으로서 동료들과 함께 학습하는 과정을 통해 의사소통 능력, 융합적 사고, 상호협력적 태도 및 책임감을 기를 수 있습니다.

사례 기반 학습(Case-Based Learning)

다양한 상황과 맥락에서 이웃을 도울 수 있으려면, 자선의 다양한 사례를 학습할 필요가 있습니다. 학습자가 실제 상황에서 지식을 적용할 수 있도록 유연한 사고와 응용력을 함양하게 합니다.

이 책에 대하여

취학 전 아동(4-7세)을 대상으로 합니다.

본 교재는 취학 전 아동을 대상으로 집필되었습니다. 추상적 개념이 구체화되지 않은 미취학 아동들에게 성경 말씀을 바탕으로 자선의 기본 개념을 보다 쉽게 설명할 수 있습니다. 다양한 그림과 활동을 통해 자선에 대해 생각하고 실천할 수 있도록 구성하여, 아동부 교재가 어려운 1-2학년이 사용해도 좋습니다.

3단계 학습: 도입-전개-적용

- 도입(Welcome) 단계: 학습자의 학습 동기와 흥미를 높입니다.
- 전개(Worship) 단계: 하나님께 드리는 예배를 통해 성경의 가르침을 배우고, 신앙을 고백하게 합니다.
- 적용(Wisdom) 단계: 학습자가 배운 성경의 가르침을 일상에서 구체적으로 적용하게 합니다.

  각 단계는 상호 연계되어 자선이라는 하나의 목표를 지향합니다.

활동은 주로 소그룹으로 진행합니다.

유아기의 특성상 대그룹으로 진행하면 집중도가 떨어지기 때문에 특별한 경우를 제외하고 대부분의 활동은 소그룹으로 진행합니다. 대그룹 활동은 별도로 명시하였습니다.

교회 활동지와 가정 활동지로 구성되어 있습니다.

유아용 교재에는 교회에서 예배 전과 후에 사용하는 각 과의 활동지와 가정 활동지가 포함되어 있습니다. 미취학 아동은 가정과 함께 연계하지 않으면 자선 교육의 적용과 실천이 어려우니 반드시 가정에서도 함께할 수 있도록 독려합니다. 또한 마지막 6과는 가족이 다 함께 유치부 예배에 참석하도록 구성하였습니다. 자녀를 통하여 부모님까지 자선 교육을 받을 수 있는 기회로 삼기를 바랍니다.

개역개정 및 쉬운성경을 사용합니다.

주제 성구는 개역개정을 사용하되 설교 중 인용구는 유아들의 인지 수준을 고려하여 쉬운성경(아가페)을 사용하였습니다.

6주간 교육이 진행됩니다.

본 자선 교육은 한 주에 한 번, 주일을 기준으로 총 6주간 진행하는 커리큘럼입니다.

교사를 위한 가이드

핵심은 하나님 사랑과 이웃 사랑

기독교 자선 교육은 '하나님 사랑'과 '이웃 사랑'으로부터 출발합니다. 이것은 본 교재의 가장 중요한 전제이자 핵심입니다. 따라서 학습자가 모든 학습 과정에서 하나님 사랑과 이웃 사랑을 경험할 수 있도록 해야 합니다. 교사가 사랑을 전제로 행동하고 가르쳐야만 학습자가 사랑을 내면화할 수 있습니다.

티칭(Teaching)이 아닌 코칭(Coaching)

학습자 중심 교육은 교사가 아닌 학습자가 학습의 주도권을 갖는다는 점에서 전통적인 수업 방식과 차별성을 갖습니다. 교사는 지식의 전달자만이 아닌, 학습자가 원활히 학습할 수 있도록 돕는 조력자 및 촉진자가 되어야 합니다. 즉 학습자가 주도적으로 학습할 수 있도록 적절한 순간에 적절한 자료와 질문을 제공하되 개입하지는 말아야 합니다. 교사는 학습자가 스스로 고민하고 깨달을 수 있도록 돕는 코치 역할을 해야 합니다.

수평적 관계를 구현하는 공간 배치

학습자 중심 교육에서는 교사와 학생이 수평적인 관계를 맺습니다. 이에 따라 교사와 학생의 수직적인 관계를 반영하는 전통적 배치에서 벗어나 교사와 학생의 역할이 구분되지 않는, 수평적 관계를 반영하는 공간 배치를 지향합니다.

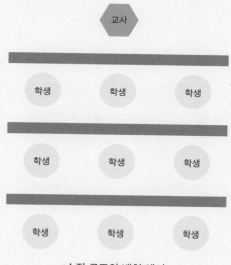

<수직 구조의 배치 예시>

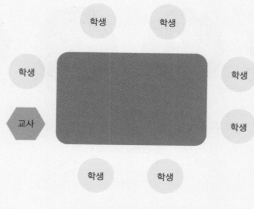

<수평 구조의 배치 예시>

구성과 활용 가이드

한눈에 보는 구성

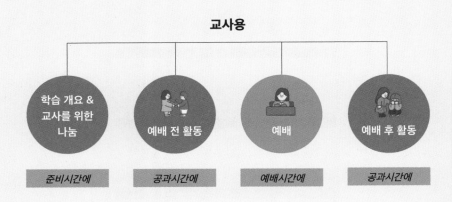

활용 가이드

학습 개요
각 과의 학습 내용을 간략히 요약하여 제시합니다.

교사를 위한 나눔
각 과의 말씀을 인도자/교사의 수준에서 묵상할 수 있도록 제시합니다. 지도를 시작하기 전에 반드시 진행해 주세요.

 예배 전 활동
메시지와 관련된 대그룹 활동을 통해 예배에 대한 기대감과 학습 동기를 높입니다.

- 사전준비   인도자/교사가 미리 준비해야 할 내용을 안내합니다.
- 진행방법   활동을 어떻게 진행해야 하는지 구체적으로 제시합니다.
- TIP   풍성한 활동을 위한 내용으로 교사의 재량에 따라 참고합니다.

 예배
주제에 맞는 찬양, 설교, 기도를 제시하며 예배를 구성합니다.

- 찬양   배울 말씀과 관련된 찬양을 부릅니다.
- 설교   성경 이야기를 바탕으로 자선에 대해 배웁니다.
- 마무리   배운 말씀을 정리하며 축복합니다.
- 기도   배운 말씀을 실천하기로 결단하며 기도합니다.

예배 후 활동

설교를 통해 배운 내용의 적용 및 실천 방안을 탐색합니다.

- 사전준비　　　　　인도자/교사가 미리 준비해야 할 내용을 안내합니다.
- 진행방법　　　　　설교 내용과 관련된 활동이므로 꼼꼼하게 확인하는 것이 중요
　　　　　　　　　　합니다.
- TIP　　　　　　　풍성한 활동을 위한 내용으로 교사의 재량에 따라 참고합니다.

워크북

워크북은 학생용 교재로, 교회 및 가정에서 하는 활동지가 들어 있습니다. 교회 활동지는 교회에서 예배 전과 후에 각각 실행하는 소그룹 및 대그룹 활동입니다. 가정 활동지는 교회에서 배운 내용을 가정에서 공유하고, 일상에서 구체적으로 실천하도록 제시합니다. 매주 해당 페이지를 잘라 예배 후 가정으로 보내 주세요. 가족들과 함께한 내용은 다음 주 교회에서 선생님, 친구들과 나눌 수 있도록 합니다.

가정 활동지 구성

- 말씀을 기억해요　　　오늘의 주제 성구를 함께 읽고 흐린 글씨를 따라 써 보아요.
- 이렇게 배웠어요　　　오늘 교회에서 배운 말씀 그림을 보고, 떠오르는 내용을 적
　　　　　　　　　　　어 보아요.
- 다함께 실천해요　　　배운 내용을 나와 가족의 삶에 적용하고 실천해 보아요.
- 읽으며 생각해요　　　오늘의 주제와 관련된 동화책을 읽으며 자선에 대해 생각해요.

활용 자료

《세상을 바꾸는 씨앗》 예배 및 활동 준비에 필요한 자료(설교 PPT, 사진, 동영상 등)는 아래의
QR코드를 통해 월드휴먼브리지 홈페이지에서 다운로드 할 수 있습니다.

(PPT 비밀번호 : seed47)

전체 단원 요약

		1과	2과	3과
제목		하나님만 사랑하면 되나요?	이 사람도 이웃인가요?	어떤 태도로 도와야 하나요?
부제		자선의 배경	자선의 대상	자선의 태도
주제 성구		요한일서 4:11	누가복음 10:37b	신명기 24:19
학습 목표		• 하나님 사랑과 이웃 사랑이 자선의 출발임을 알아요 • 하나님 사랑과 이웃 사랑이 연결되어 있음을 알아요	• 모든 사람이 나의 이웃임을 알아요. • 다양한 문제로 소외된 이웃들에 관심을 가져요	• 자선의 바른 마음가짐과 태도가 무엇인지 알아요 • 자선을 할 때 나의 태도가 올바른지를 점검해요
학습 단계	예배 전	사랑은 연결되어 있어요.	내 이웃이에요.	짝꿍을 찾아라!
	예배	사랑 이야기 요한일서 4:7-21	누가 내 이웃인가요? 누가복음 10:30-37	태도가 중요해. 신명기 24:19-22
	예배 후	대그룹 활동 하나님을 사랑해요. 이웃을 사랑해요.	숨은 이웃 찾기	이럴 땐 이렇게!
	가정	하나님 사랑 이웃 사랑	우리 가족 자선 돌아보기	부모님의 자선이야기

세상을 바꾸는 씨앗 유치부 교사용

4과	5과	6과
무엇으로 도울 수 있나요?	또 다른 기부 방법이 있나요?	자선은 언제까지 해야 하나요?
"물질적 도움"		
자선의 방법		자선의 실천
고린도후서 9:11	마태복음 25:21	마태복음 25:40
• 물질로 돕는 자선에 대해 알아요 • 한 주 동안 물질로 돕는 자선의 방법을 실천해요	• 재능으로 돕는 자선의 다양한 방법을 찾아요 • 한 주 동안 재능으로 돕는 자선의 방법을 실천해요	• 자선이 어떤 변화를 일으키는지 알아요 • 자선을 계속해서 실천하기로 다짐해요
꼭 필요한 것	나는 말이야….	대그룹 활동 우리가 심은 씨앗
너에게 줄게. 고린도후서 8:1-15	나도 칭찬 받을래요. 마태복음 25:14-30	온가족 예배 진짜 시작이에요! 마태복음 25:34-45
씨앗 저금통 만들기	나도 칭찬 받을래요.	대그룹 활동 세상을 바꾸는 씨앗
우리 가족 물질 기부 어떻게 할까?	우리 가족 재능 기부 어떻게 할까?	우리 가족 자선 동화책 만들기

*가정 활동지는 워크북을 참고해 주세요.

하나님만 사랑하면 되나요?

{ 자선의 배경 }

사랑

주제 성구 ———— "사랑하는 자들아 하나님이 이같이 우리를 사랑하셨은즉 우리

도 서로 사랑하는 것이 마땅하도다"(요한일서 4:11)

성경 본문 ———— 요한일서 4장 7-21절

학습 목표 ———— • 하나님 사랑과 이웃 사랑이 자선의 출발임을 알아요.

• 하나님 사랑과 이웃 사랑이 연결되어 있음을 알아요.

학습 단계

예배 전 사랑은 연결되어 있어요.

예배 사랑 이야기

예배 후 [대그룹 활동] 하나님을 사랑해요. 이웃을 사랑해요.

선생님. 안녕하세요. ≪세상을 바꾸는 씨앗≫ 첫 번째 시간입니다.
오늘은 자선이 하나님 사랑과 이웃 사랑에서 시작된다는 사실을 배웁니다.
아이들과의 예배를 기대하며 말씀과 기도로 준비해 주세요.

1. 하나님은 어디에 계십니까?(요한일서 4:15)

2. 하나님은 우리에게 어떻게 사랑을 보여주셨습니까?(요한일서 4:9)

3. 하나님을 사랑하는 사람은 누구를 사랑해야 합니까?(요한일서 4:21)

1. 내가 경험한 하나님의 사랑은 무엇입니까?

2. 그리스도인으로서 이웃 사랑을 실천하고 있습니까?

- 예수님을 믿으며 하나님 안에서 살아가는 우리 반이 되게 하소서.
- 하나님의 사랑을 깨닫고 이웃을 사랑하는 우리 반이 되게 하소서.

사랑은 연결되어 있어요.

- 소요시간   15분
- 활동의도   하나님 사랑과 이웃 사랑이 연결되어 있음을 안다.
- 준 비 물   1과 교회 활동지 1, 털실(1인당 50cm 이상), 테이프

사전준비 〰〰〰〰〰〰〰〰〰〰〰〰〰〰〰〰〰〰〰〰〰〰〰〰〰〰〰

① 부록에 있는 1과 교회 활동지 1을 모양에 따라 뜯어 놓는다.

② 털실의 한쪽 끝을 사전 준비1과 같이 테이프로 고정한다.

③ 털실의 다른 한쪽은 구멍에 넣기 편하도록 테이프로 감아 둔다.

준비물   사전 준비1   사전 준비2

진행방법 〰〰〰〰〰〰〰〰〰〰〰〰〰〰〰〰〰〰〰〰〰〰〰〰〰〰〰

친구들, 반가워요. 우리 친구들은 하나님을 사랑하나요? (대답을 듣는다.)
그러면 그 사랑을 하나님께 어떻게 표현할 수 있을까요?
우리 친구들이 하나님을 사랑하는 마음을 담아서 이 하트에 실을 감아 보세요.

① 준비해 둔 활동지에 학생의 이름을 표기한 후 나눠 준다.

② 학생들이 구멍에 실을 통과시켜 꾸밀 수 있도록 돕는다.

③ 활동하는 동안 학생들에게 하나님을 향한 사랑을 어떻게 표현하는지
   이야기를 나눈다.

○○는 하나님을 사랑하는 마음을 어떻게 표현하나요?

예) 하나님을 찬양해요.

　　하나님께 사랑한다고 기도해요.

　　하나님의 말씀을 잘 들어요.

　　하나님의 사랑을 사람들에게 알려 줘요.

활동 과정

④ 활동을 마치면 주변을 정리하고 예배를 준비한다.

우리 친구들이 하나님을 사랑하는 마음을 이 하트에 표현해 보았어요. 모양은 다 다르지만 하나님을 향한 사랑이 모두 아름답네요. 우리 친구들의 예쁜 사랑을 받으시는 하나님도 정말 기쁘실 거예요. 그런데 이 하트에는 재미있는 비밀이 숨어 있어요. 우리 하트를 뒤집어 볼까요? 짜잔! 뒷면도 비슷한 모양이 나왔어요. 이 뒷면은 이웃을 사랑하는 마음이에요. 하나님 사랑과 이웃 사랑은 이렇게 연결되어 있답니다. 왜 그런지 오늘 말씀을 통해 알아 보아요.

만들기 완성(앞면)

만들기 완성(뒷면)

예배

사랑 이야기

- 성경 본문　　요한일서 4장 7-21절
- 중심 구절　　요한일서 4장 11절
- 소요시간　　30분
- 준 비 물　　설교 자료(PPT), 예배 전 활동에서 만든 하트

찬양

우리들 사랑_ 파이디온 선교회

우리가 이곳에 모여서 함께 살아가는 것은

푸르고 푸르른 주의 나라를 만들기 위함이라

서로 돕고 서로 섬기며 서로 나누고 서로 아끼면

우리들이 꿈꾸는 아름다운 주의 나라 이뤄지리

도와주고 안아주고 나눠주고 업어주면

우리들이 사는 세상 아름다운 세상이 되리

설교

친구들, 반가워요. 오늘부터 우리는 여섯 번에 걸쳐서 《세상을 바꾸는 씨앗》이라는 제목으로 하나님의 말씀을 나누고, 활동하려고 해요.

'자선'이란 무엇일까요?

우리 친구들은 '자선'이라는 말을 들어 본 적이 있나요? 자선의 뜻은 무엇일까요? 힌트를 듣고 한번 맞춰 보세요.

1) 이것은 우리가 하는 행동을 말해요.

2) 다른 사람에게 무엇을 주는 거예요.

3) 우리가 이것을 하면 다른 사람이 좋아해요.

4) 하나님도 우리에게 이것을 하라고 하셨어요.

5) 그래서 저도 많이 해 봤어요.

6) 우리 친구들도 해 본 적이 있을 거예요.

자선은 어려운 사람들을 돕는 것이에요. 우리가 자선을 행하면 그들이 어려움을 해결할 수 있지요. 예를 들면, 배가 고픈 사람이 배고프지 않도록 먹을 것을 주는 것, 아픈 사람이 치료를 받을 수 있도록 도와주는 행동이 자선이에요. 앞으로 6주 동안 우리는 자선에 대해 배울 거예요. 오늘은 그 첫 번째 시간으로, 자선을 위해 꼭 필요한 '사랑 이야기'를 들어 보려고 해요.

하나님의 큰 사랑을 받았어요

사랑에는 여러 가지 모습이 있어요. 우리를 향한 엄마 아빠의 사랑도 있고, 동생이나 형을 향한 사랑도 있어요. 우리 친구들도 서로 사랑하고, 동물들을 사랑하기도 해요. 또 장난감도 사랑할 수 있어요. 그런데 이렇게 다양한 사랑 중에서 가장 큰 사랑이 있어요. 바로 하나님의 사랑이에요. 성경에서는 하나님은 사랑이시라고 말해요. 하나님 자체가 사랑이시기 때문에 하나님의 사랑이 가장 크답니다.

사랑은 하나님으로부터 시작되었어요. 하나님이 사랑으로 이 세상을 만드셨고, 또 사랑을 가득 담아 하나님을 닮은 우리 사람을 만드셨죠. 하나님이 이 세상을 처음 만드셨을 때에는 모두가 하나님을 사랑하고, 또 서로 사랑했답니다. 하지만 사람들이 선악과를 따먹고 죄를 짓게 되면서 사람들은 하나님보다 다른 것들을 사랑하게 되었어요. 하나님보다 돈을 더 사랑하고, 자기의 똑똑한 머리를 사랑하고, 하나님이 싫어하시는 우상을 사랑하기도 했어요. 사람은 죄를 지으면 하나님과 멀어지고, 더는 하나님을 사랑할 수 없게 돼요. 이렇게 사람들은 하나님과 점점 멀어졌고, 더 많은 죄를 지었어요.

죄는 사람을 죽게 만들어요. 성경에 보면 죄의 대가는 죽음이라고 했어요(롬 6:23). 하지만 하나님은 사람들이 죄를 지어도 계속해서 사랑하셨어요. 그래서 우리 죄를 없애 주시기 위해 하나님의 아들, 예수님을 보내 주셨지요. 예수님은 이 땅에 오셔서 많은 사람에게 하나님의 사랑을 알려 주셨어요. 그리고 사람들에게 있는 모든 죄를 가지고 십자가에서 대신 죽으셨어요. 죄는 사람을 죽게 만든다고 했는데, 우리 대신 예수님이 죽으신 거예요. 그만큼 우리를 사랑하셨기 때문이에요.

예수님이 바로 하나님 사랑의 가장 큰 열매예요. 우리 친구들도 그 크신 하나님의 사랑을 받았다는 사실을 믿고 있지요?

받은 사랑을 나누어요

우리는 모두 하나님께 큰 사랑을 받았어요. 그런데 하나님께 사랑을 받았으니 우리도 하나님만 사랑하면 될까요? 오늘 말씀에서는 하나님이 우리를 사랑하셨기 때문에 우리가 서로 사랑하는 것이 당연한 일이라고 해요(11절). 또 우리가 서로 사랑하면 하나님이 우리 안에 함께하신대요. 이 말은, 우리가 하나님께 받은 사랑을 가지고 이웃을 사랑해야 한다는 거예요. 하나님을 사랑하는 것만큼이나 이웃을 사랑하는 것이 중요하다는 뜻이지요.

우리 친구들이 예배 전에 만들었던 이 하트를 한번 보세요. 우리는 하나님을 사랑하는 마음을 담아서 실을 감았는데 뒷면도 비슷한 모양이 나왔지요? 앞면이 하나님을 사랑하는 마음이라면 뒷면은 이웃을 사랑하는 마음이라고 했어요. 이렇게 하나님 사랑과 이웃 사랑은 연결되어 있어요. 하나님을 사랑하는 사람이라면 이웃도 당연히 사랑하게 된답니다.

하지만 어떤 사람들은 하나님께 받은 사랑을 다른 사람들에게 나누어 주지 않으려고 해요. 하나님이 나만 사랑하신다고 생각하기 때문이에요. 우리 친구들은 어떻게 생각하나요? 하나님은 정말 나만 사랑하실까요? 그렇지 않아요. 하나님은 나를 사랑하시듯이 내 옆에 있는 친구, 아빠, 엄마, 할아버지, 할머니 그리고 이 세상의 모든 사람을 사랑하세요. 그래서 하나님은 우리가 서로 사랑하기를 원하시지요.

한 가지 이야기를 들려줄게요. 사랑이라는 친구가 있었어요. 사랑이는 하나님을 정말 사랑하는 친구예요. 그래서 주일 예배에 한 번도 빠지지 않아요. 찬양도 열심히 하고, 말씀도 잘 듣고, 헌금도 정성스럽게 드려요. 하나님이 이런 사랑이를 보실 때 어떤 마음이 드실까요? (학생들의 대답을 듣는다.) 맞아요. 참 기쁘실 거예요.

어느 날, 사랑이는 교회에서 예배를 드리고 나서 친구들과 놀기 위해 놀이터에 갔어요. 놀이터에는 미끄럼틀도 있고, 시소도 있고, 그네도 있지요. 우리 친구들은 어떤 놀이기구를 가장 좋아하나요? 사랑이는 흔들흔들 그네를 제일 좋아해요. 그래서 그네 앞으로 달려갔어요. 하지만 한 친구가 그네에서 내리지 않고 계속 타는 거예요. 그 바람에 사랑이는 그네를 탈 수가 없었답니다. 그네를 타기 위해 기다리고 기다리던 사랑이는 혼자서만 그네를 타던 친구가 너무 미워졌어요. 그래서 그 친구만 쏙 빼고 다른 친구들과 놀았답니다.

친구들, 하나님이 사랑이를 보실 때 어떤 마음이 드실까요? 아마도 많이 속상하셨을 거예요. 하나님은 우리가 하나님을 사랑하는 것처럼 다른 사람들도 사랑하기 원하시기 때문이에요. 사랑하는 친구들, 하나님을 사랑하는 것과 이웃을 사랑하는 것은 따로따로가 아니에요. 오늘 성경 말씀에 나오는 요한일서 4장 20절의 말씀을 다시 읽어 볼까요?

"어떤 사람이 '나는 하나님을 사랑해요'라고 말하면서 그의 형제를 미워하면, 그는 거짓말쟁이입니다. 이는 눈에 보이는 자기의 형제도 사랑하지 못하면서 보이지 않는 하나님을 사랑할 수는 없기 때문입니다"(20절, 쉬운성경).

하나님을 사랑한다고 하면서 이웃을 미워하면 거짓말하는 것과 같대요. 또 형제를 사랑하지 않으면 하나님을 사랑할 수 없다고 말해요. 아무리 하나님께 예배를 잘 드리고 사랑한다고 고백해도, 친구와 이웃을 사랑하지 않으면 진짜 사랑이라고 할 수 없어요. 하나님을 사랑하는 것처럼 친구와 이웃도 사랑하는 우리 친구들이 되었으면 좋겠어요.

내 몸과 같이 이웃을 사랑해요

예수님은 이웃을 사랑하는 방법을 한 가지 알려 주셨어요. 내 몸을 사랑하는 것같이 이웃을 사랑하라고 하셨지요. 이웃을 내 몸과 같이 사랑하는 것이 무슨 뜻일까요? 다른 사람을 나처럼 아끼는 거예요. 예를 들어 내가 먹고 싶은 것이 있다면 다른 사람도 먹을 수 있도록 도와주는 거예요. 또 내가 하기 싫은 것은 다른 사람도 하지 않도록 도와줄 수 있어요. 내가 아플 때 엄마나 친구가 함께 있어 주고, 위로해 주기를 바라는 것처럼 다른 사람에게 그렇게 해 주는 거예요. 이게 바로 이웃을 내 몸과 같이 사랑하는 방법이랍니다.

세상을 바꾸는 씨앗 유치부 교사용

마무리

친구들, 자선이 무엇이라고 했지요? 어려운 이웃을 도와주는 행동이라고 했어요. 자선은 '사랑하는 마음'에서 시작돼요. 앞으로 6주 동안 《세상을 바꾸는 씨앗》에서는 이 이웃 사랑의 마음을 가지고 어떻게 자선을 해야 하는지 배우게 될 거예요. 오늘 들은 말씀대로 우리가 받은 하나님의 사랑을 항상 기억하고 이웃을 사랑하는 친구들이 되기를 축복합니다.

결단기도

사랑이신 하나님. 우리를 사랑해 주셔서 감사해요. 오늘 들려주신 말씀을 통해 하나님의 사랑을 받은 우리가 이웃도 사랑해야 한다는 것을 알았어요. 우리가 받은 하나님의 사랑을 기억하면서 이웃을 내 몸과 같이 사랑하는 우리가 되게 해 주세요. 예수님의 이름으로 기도합니다. 아멘.

하나님을 사랑해요. 이웃을 사랑해요.

- 소요시간   15분
- 활동형태   대그룹 활동
- 활동의도   하나님께 받은 사랑으로 이웃을 사랑해야 함을 안다.
- 준 비 물   1과 교회 활동지 2, 색연필

사전준비

예배 후 활동지를 미리 잘라서 준비해 주세요. 활동 후 바로 가지고 귀가할 수 있도록 1과 가정 활동지와 칭찬 스티커 6개를 미리 잘라 준비해 주세요.

진행방법

① 인도자는 설교 내용을 상기시킨다.

> 친구들, 오늘 예배를 통해 어떤 말씀을 배웠나요? (이야기를 듣는다.) 우리는 하나님의 사랑을 듬뿍 받은 사람들이지요. 그 사랑을 가지고 하나님을 사랑하고, 이웃을 내 몸과 같이 아끼고 사랑해야 한다고 배웠어요.

② 인도자는 학생들에게 활동지 앞뒷면의 카드 그림을 설명한다.

> 여기 카드가 있어요. 이 카드들은 '사랑의 카드'예요. 카드에 어떤 그림이 그려져 있는지 한번 살펴볼까요? (앞면을 보고 각각의 그림 내용을 설명한다.) 여기에는 하나님을 사랑하는 방법들이 나와 있어요.
> 이번에는 뒷면을 볼까요? 뒷면에는 이웃을 사랑하는 방법들이 나와 있어요. 어떤 방법이 있는지 같이 볼게요. (뒷면을 보고 각각의 그림 내용을 설명한다.)
> 하나님 사랑은 앞면, 이웃 사랑은 뒷면에 나와 있어요. 이 카드의 양면처럼 하나님 사랑과 이웃 사랑이 하나라는 것을 기억했으면 좋겠어요. 이제 이 카드들을 잘라 볼게요.

③ 학생들에게 활동지와 가위를 나누어 주고 자르도록 지도한다. 연령이 어릴 경우 인도자가 도와준다.

> 모두 잘랐나요? 이제 이 카드를 가지고 게임을 해 볼 거예요. 각자 잘 자른 카드를 앞에 모아서 두세요. 다 준비되었다면 카드를 아무거나 한 장 뽑아 보세요. 선생님도 한 장 뽑을게요.

④ 인도자는 카드 한 장을 뽑아 앞면(하나님 사랑)의 내용을 학생들에게 알려 준다. 인도자와 동일한 카드를 뽑은 친구들이 모두 일어나서 카드에 있는 내용을 행동으로 표현하도록 한다.

> 선생님은 "하나님을 찬양해요" 카드를 뽑았어요! 선생님과 똑같은 카드를 뽑은 친구들은 모두 일어나 볼까요? 일어난 친구들은 카드에 나온 하나님 사랑을 표현해 보세요.

⑤ 학생들의 표현을 칭찬하고 격려한다.

⑥ 이어서 카드 뒷면의 이웃 사랑에 해당하는 내용을 학생들에게 알려 준다.

> 이번에는 이 카드의 뒷면을 볼까요? "사랑하는 마음으로 친구를 안아 주어요"라고 나와 있네요. 카드에 있는 이웃 사랑을 실천해 볼까요?

⑦ 학생들의 표현을 칭찬하고 격려한다.

⑧ 같은 방법으로 다양한 카드를 제시하여 하나님 사랑, 이웃 사랑을 표현하도록 한다.

⑨ 인도자는 활동을 마무리하고 가정 활동지에 대해 설명한다.

모두 잘했어요. 이 카드의 앞면과 뒷면처럼, 하나님 사랑과 이웃 사랑은 똑같은 거예요. 이제는 진짜로 실천할 차례예요. 오늘 표현해 본 것을 기억했다가 한 주 동안 집과 유치원, 학원에서 하나님 사랑과 이웃 사랑을 실천해 보면 좋겠어요. 하루에 한 가지씩만 실천해도 좋아요. (가정 활동지와 칭찬 스티커를 보여 주며) 그리고 실천한 날은 가정 활동지에 스티커를 붙여 보세요. 친구들, 오늘 배운 대로 하나님을 사랑하는 만큼 이웃도 사랑하는 우리 친구들이 되기를 축복합니다. 가정 활동지는 집에 가져가서 부모님과 함께 꼭 해보고 다음 주에 가지고 오세요.

이 사람도
이웃인가요?

{ 자선의 대상 }

주제 성구 —— "예수께서 이르시되 가서 너도 이와 같이 하라 하시니라"

(누가복음 10:37b).

성경 본문 —— 누가복음 10장 30-37절

학습 목표 —— • 모든 사람이 나의 이웃임을 알아요.

• 다양한 문제로 소외된 이웃들에 관심을 가져요.

학습 단계

예배 전   내 이웃이에요.

예배   누가 내 이웃인가요?

예배 후   숨은 이웃 찾기

선생님, 안녕하세요.《세상을 바꾸는 씨앗》두 번째 시간입니다.
오늘은 소외된 이웃에게 먼저 다가가 이웃이 되어 줘야 한다는 사실을 배웁니다.
아이들과의 예배를 기대하며 말씀과 기도로 준비해 주세요.

1. 강도 만난 사람을 보고 그냥 지나친 사람은 누구입니까?(누가복음 10:30-32)

2. 사마리아 사람은 강도 만난 사람을 어떻게 대했습니까?(누가복음 10:33-35)

3. 예수님이 율법교사에게 마지막으로 당부하신 말씀은 무엇입니까?
   (누가복음 10:37)

1. 일반적으로 알고 있는 이웃과 성경이 말하는 이웃의 차이는 무엇입니까?

2. 소외된 이웃을 돕기 위해 반 아이들과 함께해 볼 것이 있다면 무엇입니까?

- 가까운 이웃과 소외된 이웃 모두를 품는 우리 반이 되게 하소서.
- 예수님을 닮아 긍휼한 마음이 넘치는 우리 반이 되게 하소서.

내 이웃이에요.

- 소요시간　　10분
- 활동의도　　우리가 생각해 오던 이웃이 누구인지 알아본다.
- 준 비 물　　2과 교회 활동지, 부록 스티커, 색연필

진행방법

① 인도자는 교재를 보여 주며 활동을 설명한다.

> 친구들, 그림을 보세요. 어떤 사람들이 있나요? 그림 속 사람들은 우리 친구들과 이웃의 모습이에요. 그런데 빈칸이 있네요.

② 부록 스티커에서 이웃이라고 생각하는 사람을 떼어 빈 칸에 붙여 보도록 한다.

> 스티커를 보면 다양한 사람이 있어요. 이 중에서 우리 친구들이 "내 이웃 중에 이런 사람이 있어요"라고 생각하는 사람 스티커를 활동지 빈칸에 붙여 주세요. 만약 생각하는 이웃이 스티커 중에 없다면 색연필로 그려 보아도 좋아요.

③ 학생들의 활동을 칭찬하고, 왜 그 스티커를 붙였는지, 왜 그 사람이 이웃이라고 생각하는지 이야기를 나눈다. 붙이지 않은 사람들은 왜 이웃이 아니라고 생각하는지 학생들의 이야기를 듣는다.

> 참 잘했어요. 친구들이 붙인 이웃들은 누구인가요? 그렇다면 붙이지 않은 사람들은 우리의 이웃이 아니라고 생각하나요?

④ 인도자는 활동을 마무리한다.

> 스티커 그림 속에 있는 사람들 중에는 우리 친구들이 이웃이라고 생각하는 사람도 있고, 또 아닌 사람들도 있었어요. 오늘 말씀을 통해서 누가 우리의 이웃인지 배우게 될 거예요.

⑤ 활동지는 인도자가 모아 두었다가 예배 후 활동을 할 때 다시 나누어 준다.

누가 내 이웃인가요?

- 성경 본문   누가복음 10장 30-37절
- 중심 구절   누가복음 10장 37절b
- 소요시간   30분
- 준 비 물   설교 자료(PPT)

찬양

그래도 내 친구_ 파이디온 선교회

세모 네모 동그라미

뾰족 납작 동글동글

모습이 달라도 그래도 내 친구

성격이 달라도 그래도 내 친구

예수님의 사랑으로 안아 줘요

세모 네모 동그라미

뾰족 납작 동글동글

설교

친구들, 지난 한 주도 잘 지냈나요? 지난주에 우리는 말씀을 통해 하나님께 받은 사랑을 가지고 이웃을 사랑해야 한다고 배웠어요. 한 주 동안 잘 실천했나요? 그렇다면 우리가 사랑해야 하는 이웃은 누구일까요?

《세상을 바꾸는 씨앗》 두 번째 시간인 오늘은 '이웃'에 대해 말씀을 나누어 보려고 해요.

누가 나의 이웃인가요?

친구들은 '이웃'이라는 말의 뜻을 알고 있나요? 이웃은 원래 가까이 사는 사람을 말해요. 그렇다면 지난 시간에 배운 '이웃 사랑'은 나와 가까운 사람들만 사랑하라는 뜻이었을까요? 누가 나의 이웃일까요? 오늘 말씀에서도 예수님께 이와 똑같은 질문을 한 사람의 이야기가 나와요. 함께 말씀에 귀 기울여 보아요.

왜 도와줬을까요?

어머! 여기 한 사람이 쓰러져 있어요. 예루살렘에서 여리고로 내려가는 산골짜기에서 강도를 만났지 뭐예요. 나쁜 강도들은 이 사람의 옷을 빼앗고 마구 때렸어요. 이 사람은 너무 많이 맞아서 거의 죽게 됐어요. 그런데 강도들은 이 사람을 내버려 두고 도망가 버렸지 뭐예요.

그때 마침 한 제사장이 그 길을 지나가다가 쓰러져 있는 사람을 발견했어요.

"어이쿠, 이게 뭐야? 강도를 만났나 보군. 죽은 것 같기도 하고. 하나님이 손에 피를 묻히지 말라고 하셨으니 그냥 지나가는 게 좋겠어."

제사장은 쓰러진 이 사람을 피해서 그냥 지나가 버렸어요.

잠시 후, 이번에는 레위 사람이 길을 가다가 강도 만난 사람을 보았어요.

"아니, 이런! 강도를 만났나 보군. 도와주고 싶지만 그러다가 나도 강도를 만나게 될지 몰라. 어서 지나가야겠어!"

그렇게 레위 사람도 쓰러진 사람을 그냥 지나가 버렸어요.

시간이 얼마나 흘렀을까요? 이번에는 한 사마리아 사람이 그곳을 지나가게 되었어요.

"아니, 저게 뭐지? 사람이잖아? 이런, 강도를 만났나 보군. 이렇게 두었다가는 죽을지도 몰라. 내가 도와줘야겠어."

사마리아 사람은 쓰러진 사람이 안타까웠어요. 그래서 다친 곳을 살펴보고 상처를 치료해 주었지요. 그뿐 아니라 자기가 타고 있던 말에 강도 만난 사람을 태우고 가까운 여관으로 데려가 정성껏 돌봐 주었답니다. 다음 날, 사마리아 사람은 자기가 가진 돈을 모두 꺼내서 여관 주인에게 주며 부탁했어요.

"이 사람이 회복할 때까지 잘 돌봐 주세요. 만약 치료비가 더 필요하다면 저에게 말씀하세요. 제가 돌아와서 드리겠습니다."

이 이야기는 예수님이 들려주신 이야기예요. 한 사람이 예수님께 "누가 내 이웃인가요?"하고 물어봤거든요. 이 이야기를 마치시고 예수님은 그 사람에게 이렇게 물어보셨어요.

"제사장, 레위 사람, 사마리아 사람 가운데서 누가 강도 만난 사람에게 이웃일까요?"

우리 친구들이 한번 대답해 볼까요? 누가 강도 만난 사람의 이웃이라고 생각하나요? 맞아요. 하나님을 가장 사랑한다고 자부했던 제사장도 아니고, 하나님께 예배를 잘 드리던 레위 사람도 아니었어요. 바로 사마리아 사람이에요. 사마리아 사람은 강도 만난 사람과 친구도 아니었고, 아는 사이도 아니었어요. 오늘 지나가는 길에 처음 보았지요. 심지어 예수님이 살던 시대에 이스라엘 사람들은 사마리아 사람들을 싫어했어요. 이웃이라고 생각하기는커녕 한 장소에 같이 있고 싶어 하지도 않았어요. 그런데 그런 사마리아 사람이 강도를 만난 이스라엘 사람을 도와준 거예요. 그 이유가 무엇일까요? 사마리아 사람은 나와 같은 나라 사람, 나와 친한 사람만 이웃이라고 생각하지 않았어요. 모두가 다 이웃이라고 생각했기 때문에 도와줄 수 있었어요.

모두가 이웃이에요

예수님은 이 이야기를 마치시고 마지막으로 "너도 이와 같이 하라"고 말씀하셨어요. 예수님은 도움이 필요한 사람에게 도움을 주면 우리가 그 사람의 이웃이 되어 주는 거라고 말씀하셨어요. 예수님도 많은 사람의 이웃이 되어 주셨지요. 아픈 사람들을 보시면 처음 만났더라도 같이 마음으로 아파하며 고쳐 주셨어요. 배고픈 사람들을 보시면 친하지 않아도 먹을 것을 주셨지요. 다른 사람들은 그들과 친구가 되고 싶어 하지 않았어요. 그러나 예수님은 그런 사람들에게 먼저 다가가셔서 이웃이 되어 주셨어요. 사랑을 실천하신 거예요.

마무리

사랑하는 친구들, 사람들은 나와 가까운 사람만 이웃이라고 생각해요. 하지만 하나님은 우리 모두를 하나님의 자녀로 지으셨고, 서로 돌보며 살라고 말씀하셨어요. 나랑 친한 사람, 가까이 사는 사람만이 아니라 이 세상에 사는 모든 사람이 다 이웃이에요. 몸이 불편한 사람, 먹을 것이 없어 배고픈 사람, 집이 없어 길에서 사는 사람들도 모두 우리의 이웃이에요. 또 나를 도와주는 친구도, 내가 도와주어야 하는 친구도 모두 이웃이지요. 우리는 이렇게 서로 돕고, 도움을 받으면서 이웃이 되는 거예요. 그동안 잘 몰랐던 이웃이 정말 많지요?

지난 시간에 자선에 대해서 배웠어요. 자선이란 도움이 필요한 사람을 도와주는 것이에요. 우리가 지금 배우고 있는 자선은 새로운 이웃을 만나게 해 주는 연결 통로예요. 우리 친구들도 도움이 필요한 사람들이 있는지 찾아보고 사랑의 마음으로 자선을 실천해 보면 좋겠어요. 그렇게 더 많은 이웃을 만나고 사랑을 베푸는 우리 친구들이 되기를 축복합니다.

사랑이신 하나님. 오늘도 말씀을 들려주셔서 감사해요. 말씀을 통해 이 세상 모든 사람이 나의 이웃이라는 것을 알게 되었어요. 하나님, 우리도 예수님처럼 도움이 필요한 사람들에게 먼저 다가가서 사랑을 베풀고, 이웃이 되어 주고 싶어요. 우리와 함께해 주셔서 배운 말씀을 실천할 수 있도록 도와주세요. 예수님의 이름으로 기도합니다. 아멘.

예배 후 활동

숨은 이웃 찾기

- 소요시간   20분
- 활동의도   세상의 모든 사람이 이웃임을 알고, 도움이 필요한 이웃에게 자선을
            베풀기로 약속한다.
- 준 비 물   2과 교회 활동지(재사용), 부록 스티커

진행방법 〜〜〜〜〜〜〜〜〜〜〜〜〜〜〜〜〜〜〜〜〜〜〜〜〜〜〜〜〜〜〜〜〜〜〜〜〜

① 인도자는 설교 내용을 상기시키며 활동을 설명한다.

> 친구들, 오늘 예배를 통해 어떤 말씀을 배웠나요? (이야기를 듣는다.) 오늘 말씀
> 을 통해 온 세상 사람이 모두 이웃이라는 것을 알게 되었어요. 그 이웃 중에
> 는 도움이 필요한 사람들도 많지요. 가난한 사람들, 아픈 사람들, 외로운 사
> 람들 말이에요. (예배 전 활동지를 보여 주며) 어떤 사람은 내가 이웃이라고 생각
> 하지 못했던 사람도 있어요. 그러나 스티커에 남아 있는 사람들 모두가 우리
> 의 이웃이에요. 여러 이웃의 모습을 보면서 우리가 이웃이 되어 주고, 자선
> 을 베풀어야 할 사람들을 찾아볼까요?

② 활동지 그림을 보며 도움이 필요하다고 생각하는 사람 한 명을 선택하도록
   한다. 선택한 사람이 어떤 상황에 있다고 생각하는지 질문하고 학생들과 이
   야기를 나눈다.

> 예) 이 사람은 휠체어를 타고 있는 것을 보니 걷기 어려운 것 같아요.
>   이 사람은 할머니예요. 허리가 많이 아파 보이네요.
>   외국인도 있어요.

③ 우리가 어떤 사랑과 도움을 주면 좋을지 이야기를 나누어 본다.

> 이 사람에게는 어떤 도움이 필요할까요? (학생들의 이야기를 듣고 인도자가 정리한다.)
> 예) 휠체어를 탄 사람은 계단을 오르내리기 어려워요. 계단을 올라가야 할 때 도움을 줄 수 있어요.

④ 시간이 있다면 다른 이웃들에 관한 이야기도 나누어 본다.

⑤ 인도자는 활동을 마무리하고 가정 활동지에 대해 설명한다.

> 우리 친구들이 찾은 이웃들이 정말 많네요. 맞아요. 여기 있는 모든 사람이 우리의 이웃이지만 그중에서도 우리가 도와주고, 이웃이 되어 주어야 하는 사람들이 있다는 것을 기억했으면 좋겠어요. 그리고 예수님이 하셨던 것처럼 도움이 필요한 이웃들에게 사랑과 도움을 주는, 자선을 하는 우리 친구들이 되기를 바랍니다.
> 이번 주 가정 활동지는 자선에 대한 체크리스트예요. 부모님과 함께 꼭 해 보기 바랍니다.

어떤 태도로 도와야 하나요?

{ 자선의 태도 }

주제 성구 _____ "네가 밭에서 곡식을 벨 때에 그 한 뭇을 밭에 잊어버렸거든 다

시 가서 가져오지 말고 나그네와 고아와 과부를 위하여 남겨 두

라 그리하면 네 하나님 여호와께서 네 손으로 하는 모든 일에

복을 내리시리라"(신명기 24:19).

성경 본문 _____ 신명기 24장 19-22절

학습 목표 _____ • 자선의 바른 마음가짐과 태도가 무엇인지 알아요.

• 자선을 할 때 나의 태도가 올바른지를 점검해요.

예배 전 짝꿍을 찾아라!

예배 태도가 중요해.

예배 후 이럴 땐 이렇게!

선생님, 안녕하세요. 《세상을 바꾸는 씨앗》 세 번째 시간입니다.
오늘은 자선을 행할 때 지녀야 할 태도로 겸손, 넉넉함, 감사에 대해 배웁니다.
아이들과의 예배를 기대하며 말씀과 기도로 준비해 주세요.

1. 추수 후에는 누구를 배려해야 합니까?(신명기 24:19)

2. 남겨 둔 곡식은 어떻게 쓰여야 합니까?(신명기 24:19-21)

3. 이스라엘 백성이 기억해야 할 것은 무엇입니까?(신명기 24:22)

1. 소외된 이웃과 마주쳤을 때 주로 어떤 태도를 보였습니까?

2. 내가 하나님께 보살핌을 받은 경험이 있다면 무엇입니까?

• 인색하거나 교만하지 않고 서로 배려하며 나누는 우리 반이 되게 하소서.
• 하나님의 은혜를 잊지 않고, 감사함으로 살아가는 우리 반이 되게 하소서.

짝꿍을 찾아라!

- 소요시간   15분
- 활동의도   어떠한 행동을 할 때 마음과 태도가 중요함을 안다.
- 준 비 물   3과 교회 활동지 1, 색연필

진행방법

① 인도자는 활동을 설명한다.

> 친구들, 활동지를 보니까 친구들이 무언가를 하고 있네요. 어떤 그림인지 한 번 살펴볼까요?
>
>   1. 춤추는 어린이
>   2. 기도하는 어린이
>   3. 서로 인사하는 어린이
>   4. 선물을 주는 어린이
>
> 이럴 때 우리는 어떤 표정과 생각을 하나요? 행동에 알맞은 표정 짝꿍에 동그라미 표시해 보세요.

② 왜 ①과 같이 생각하는지, 그리고 만약 다른 표정과 짝꿍이 된다면 어떨지 이야기 나눈다.

> 모두 표시해 보았나요? 만약 여기 춤추고 있는 사람이 졸린 표정을 하고 있다면 어떨까요? 우는 표정은요? 참 어색하겠지요? 또 기도하는 사람이 장난감을 생각하고 있다면 어떨까요? 이것도 좀 이상하지요.

③ 인도자는 활동을 마무리 한다.

> 친구들, 어떤 행동을 할 때는 그에 맞는 마음과 표정이 있어요. 그렇다면 이웃을 도울 때 우리는 어떤 마음과 태도를 가져야 할까요? 말씀을 통해서 들어 보기로 해요.

예배

태도가 중요해.

- **성경 본문**   신명기 24장 19-22절
- **중심 구절**   신명기 24장 21절
- **소요시간**   30분
- **준 비 물**   설교 자료(PPT), 2리터 생수병 11개

찬양

서로 돌봐요_ 파이디온 선교회

두 눈을 번쩍 두 손을 활짝

하늘 가족들은 무엇이 필요할까

두 눈을 번쩍 두 손을 활짝

서로를 향해 우리 모두 출동 준비

예수님 사랑 담아 출동 출동

예수님 섬김 담아 출동 출동

우리는 서로서로 돌봐 주는 하늘 가족

설교

친구들, 지난 시간에 배운 내용 기억하나요? 첫 번째 시간에는 하나님의 사랑을 받은 우리는 이웃을 사랑해야 한다고 배웠어요. 두 번째 시간에는 세상 모든 사람이 바로 우리의 이웃이고, 도움이 필요한 이웃들에게 사랑의 마음으로 자선해야 한다고 배웠지요.

《세상을 바꾸는 씨앗》세 번째 시간인 오늘은 우리가 누군가를 도울 때

세상을 바꾸는 씨앗 유치부 교사용

어떤 태도와 마음으로 해야 하는지 성경 말씀을 통해 살펴보려고 해요. 먼저 한 사람의 이야기를 들어 볼까요?

보아스가 곡식을 남겨 두었어요

이 사람의 이름은 '보아스'예요. 보아스는 베들레헴에 사는 아주 큰 부자였어요. 넓은 밭도 가지고 있었지요. 보아스는 추수 때가 되어 곡식을 거두더라도 모두 거두지 않았어요. 어느 정도는 가난한 사람들이 가져갈 수 있게 남겨 두었대요.

이 여인의 이름은 '룻'이에요. 룻은 모압이라는 나라 사람이에요. 룻의 남편은 이미 죽고, 시어머니 나오미와 둘이 살고 있었답니다. 룻은 시어머니를 따라 베들레헴으로 왔지만 외국인이었기 때문에 어려움이 있었어요. 하지만 아무도 룻에게 도움을 주지 않았어요. 또 남편이 없는 과부였기 때문에 먹을 것을 구하기도 아주 힘들었지요. 그러던 어느 날 룻은 시어머니인 나오미에게 이야기했어요.

"어머니, 제가 밭에 나가 볼게요. 나에게 은혜를 베푸는 사람이 있다면 떨어진 이삭을 주워 올 수 있을 거예요."

그렇게 룻이 찾아간 곳은 보아스의 밭이었어요. 룻은 그곳에서 곡식을 거두는 일꾼들을 따라다니며 이삭을 주울 수 있었어요. 그런데 보아스가 룻의 안타까운 사정을 알게 됐어요. 보아스는 룻이 이삭을 더 많이 주울 수 있도록 도와주었답니다. 룻이 보아스의 밭에서 하루 동안 주운 보리가 한 에바였다고 해요(룻 2:17). (2리터 생수병 11개를 보여 주며) 한 에바는 22리터로, 한 가족이 한 달 동안 먹을 수 있는 넉넉한 양이에요. 덕분에 룻과 나오미는 더 이상 먹을 것을 걱정하지 않아도 되었어요.

그런데 친구들, 보아스는 왜 열심히 농사지은 밭의 곡식을 모두 거두지 않고 이렇게 이삭을 남겨 두었을까요? 그 이유는 바로 하나님이 주신 약속의 말씀 때문이에요. 오늘 우리가 함께 읽은 신명기 말씀은 하나님이 이스라엘 사람들에게 하나님의 백성이 되기 위해 꼭 지켜야 한다고 주신 약속이에요. 신명기에는 우리가 절대 하면 안 되는 것, 꼭 해야 하는 것, 하나님께 예배드리는 방법 같은 내용이 나와 있어요. 또 신명기에는 이웃을 도울 때 어떻게 해야 하는지도 나와 있어요. 오늘 말씀 중 19절을 다시 한번 읽어 볼게요.

"밭에서 추수할 때에 곡식 한 다발을 잊어버리고 왔더라도 돌아가서 다시 가져오지 마시오. 외국인과 고아와 과부가 가지게 내버려 두시오. 그러면 여러분의 하나님 여호와께서 여러분이 하는 모든 일에 복을 주실 것이오"(19절, 쉬운성경).

오늘 읽은 말씀뿐만 아니라 성경에는 이웃을 도와야 한다는 말씀이 여러 번 나와요. 그렇다면 우리는 어떤 마음가짐과 태도로 이웃을 도와야 할까요?

아까워하지 않아요

첫째, 우리는 이웃을 도울 때 아까워하지 않아야 해요. 옛날에는 농사를 짓지 않으면 먹을 것을 얻기 힘들었어요. 그런데 나그네와 같은 외국인, 부모님을 잃은 고아, 남편이 없는 과부들은 농사를 지을 수 없었지요. 누군가가 먹을 것을 나누어 주지 않으면 굶을 수밖에 없었어요.

하나님은 이렇게 농사를 짓지 못해서 먹을 것을 얻기 어려운 사람들을 위해 밭의 곡식을 남겨 두라고 말씀하셨어요. 곡식뿐만 아니라 20절에서는 감람나무 열매를, 21절에서는 포도원의 포도를 남겨 두라고 하셨어요. 곡식과 감람나무 열매인 올리브 그리고 포도는 모두 이스라엘 사람들에게 아주 중요한 식량이었어요. 우리가 매일 먹는 밥을 만드는 쌀과 김치를 만드는 배추 같은 것이지요. 이 중요한 식량을 추수할 때에 남겨 두라고 하신 하나님 말씀 덕분에 룻과 같이 농사를 지을 수 없는 사람들이 가져가서 먹을 수 있었답니다.

이렇게 내가 가진 것을 다른 사람을 위해 나누는 것이 자선이에요. 하나님은 우리에게 내가 먹고 사용할 것뿐만 아니라 이웃을 도울 때 사용할 만큼을 더 주셨어요. 그렇기 때문에 이웃에게 나누는 것을 아까워해서는 안 돼요. 만약 우리가 이웃과 나누지 않고 모두 나를 위해서만 사용한다면 하나님이 이웃을 도우라고 주신 것까지 가져 버리는 욕심쟁이와 같아요.

조금 전 보았던 보아스를 생각해 보세요. 보아스는 나그네와 고아와 과부를 위해 곡식을 남겨 두라는 하나님의 말씀을 알고 있었어요. 그리고 그 말씀에 순종해 이삭을 넉넉히 남겨 두었어요. 보아스의 밭에서는 룻뿐만 아니라 먹을 것이 없는 나그네와 고아와 과부들이 이삭을 주워 갈 수 있었답니다.

자랑하지 않아요

둘째, 우리는 이웃을 도울 때 자랑해서는 안 돼요. 내가 거둔 곡식을 배고픈 사람들에게 직접 나누어 줄 수도 있지만 하나님은 그것을 밭에 그냥 남겨 두라고 하셨어요. 그 이유가 무엇일까요? 도움을 주는 사람들이 잘난 척하는 마음을 갖지 않게 하기 위해서예요. 예수님도 자선을 할 때 다른 사람들이 모르게 하라고 하셨어요 (마 6:2-4).

사람들은 자기가 다른 사람보다 더 많이 가졌다고 생각하면 자랑하고 싶어져요. 우리 친구들도 내가 친구보다 장난감이 더 많으면 자랑하고 싶지 않나요? 또는 내가 다른 친구들보다 그림을 잘 그리거나 만들기를 잘하면 자랑하고 싶지요? 착한 일을 할 때도 마찬가지예요. 내가 이만큼 멋진 사람이라는 것을 많은 사람에게 알리고 칭찬받고 싶은 것이지요.

그런데 하나님은 자랑하지 말라고 말씀하세요. 우리가 다른 사람을 도와줄 수 있는 것은 그 사람보다 더 잘나서가 아니에요. 그저 하나님이 지금 우리에게 도움을 주는 역할을 하게 하신 것뿐이에요. 보아스도 자기 밭에서 곡식을 줍는 사람들을 우습게 여기거나 한심하게 생각하지 않았어요. 자기가 부자라서 더 잘났다고 생각하지도 않았지요. 그저 도움이 필요한 사람에게 도움을 주는 것이 당연하다고 생각했답니다.

내가 도움을 줄 때도 있지만, 다른 사람의 도움을 받아야 할 때도 있어요. 도움 주는 것이 잘난 척할 일이 아닌 것처럼, 도움 받는 것도 부끄러운 일이 아니에요. 따라서 내가 도움을 주었다고 잘난 척하기보다는 내가 누군가를 도울 수 있게 해 주신 하나님께 감사하는, 겸손한 마음을 가지면 좋겠어요.

감사하는 마음으로 도와요

셋째, 우리는 이웃을 도울 때 하나님께 감사해야 해요. 오늘 말씀에서도 하나님의 사랑과 도우심을 기억하라고 말해요. 22절 말씀을 읽어 볼게요.

"여러분도 이집트에서 종살이했던 것을 기억하시오. 그 때문에 내가 여러분에게 이렇게 명령하는 것이오"(22절, 쉬운성경).

하나님은 이스라엘 사람들이 이집트에서 힘들었던 때를 기억하라고 하셨어요. 이스라엘 사람들은 이집트에서 430년이나 살았어요. 하지만 그곳이 내 집 같지 않았지요. 이집트 사람들은 이스라엘 사람들을 이웃으로 받아주지 않았어요. 오히려 힘든 일을 시키며 괴롭혔어요. 그렇게 힘들 때 누군가가 도와주었다면 정말 고맙고 큰 위로가 되었을 거예요.

하나님은 이스라엘 사람들이 이집트에서 힘들어하는 모습을 보셨고, 함께 마음 아파하셨어요. 그래서 그들이 이집트에서 나올 수 있도록 인도해 주셨지요. 밤에는 춥지 않도록 불을 보내 주시고, 낮에는 덥지 않도록 구름을 보내 주셨어요. 또 배고프지 않게 매일같이 만나와 메추라기를 내려 주셨어요. 이스라엘 사람들이 그곳에서 나와서 하나님의 백성이 될 수 있었던 것은 하나님이 지켜주시고, 도와주셨기 때문이었어요.

우리도 마찬가지예요. 하나님은 우리를 항상 지켜주시고, 도와주세요. 또 우리에게 필요한 것을 주세요. 이렇게 하나님께 받은 것이 감사하기 때문에 우리는 이웃을 도와야 해요. 자선은 하나님께 받은 은혜에 대한 감사의 표시라고 할 수 있어요.

또 자선할 때는 내가 다른 사람의 도움을 받았을 때를 생각해야 해요. 우리 친구들도 아플 때 부모님이나 선생님 또는 친구들의 도움을 받은 적이 있지요? 도움을 받았을 때 친구들의 마음은 어땠나요? 고마웠지요? 우리 친구들이 그 마음을 가지고 또 다른 사람을 도와주고 자선을 한다면 도움을 받은 사람도 고마워할 거예요.

마무리

우리 친구들은 도움이 필요한 사람에게 내 것을 나누어 준 적이 있나요? 그때 우리 친구들의 마음은 어땠나요? 주기 싫은데 억지로 나누어 주지는 않았나요? 혹시 내 것이 아까워서 쓸모없는 것을 주지는 않았나요? 또 내가 착한 일을 했다고 자랑하지는 않았나요?

사랑하는 친구들, 하나님은 우리가 어떤 마음으로 자선을 하는지 모두 알고 계세요. 도움이 필요한 사람을 하찮게 여기는 마음, 도와주기 싫어하는 마음, 자랑하고 싶은 마음도 알고 계시죠. 또 우리 친구들의 사랑하는 마음, 착한 마음, 더 주고 싶은 마음, 겸손한 마음도 알고 계세요. 오늘

들은 말씀대로 아까워하지 않고, 자랑하지 않고 겸손한 마음으로, 또 하나님께 받은 은혜를 감사하며 자선을 베풀기를 축복합니다.

결단기도

사랑의 하나님. 오늘도 말씀해 주셔서 감사해요. 우리가 이웃을 도와줄 때 가졌던 올바르지 않은 마음이 있었다면 용서해 주세요. 앞으로는 우리가 이웃을 도와줄 때 아까워하지 않고, 겸손함과 감사하는 마음으로 할 수 있게 도와주세요. 하나님이 기뻐하시는 자선가들이 되게 해 주세요. 예수님의 이름으로 기도합니다. 아멘.

예배 후 활동

이럴 땐 이렇게!

- 소요시간   10분
- 활동의도   자선할 때 구체적으로 어떤 마음과 태도로 해야 하는지 생각해 본다.
- 준 비 물   3과 교회 활동지 2, 스티커

진행방법

① 인도자는 설교 내용을 상기시키며 활동을 설명한다.

> 친구들, 오늘 말씀을 통해 우리는 이웃을 도울 때 어떤 마음과 태도로 해
> 야 하는지 배웠어요. 무엇이었는지 기억나나요? (대답을 듣는다.) 맞아요. 아
> 까워하지 않고, 자랑하지 않고, 하나님께 감사한 마음으로 도와야 한다고
> 했어요.

② 제시된 그림에 대해 학생들과 이야기를 나누고 알맞은 스티커를 붙인다.

> 교재 그림을 보니까 친구들 앞에 도움이 필요한 사람들이 있어요. 하나씩
> 살펴볼까요?
>
> 1. 종이접기를 하는데 옆 친구가 어려워하고 있어요. 그런데 그 모습을 보고
> 도 도와주지 않고 나 혼자 잘난 척하면 옆 친구의 마음이 어떨까요? 우리 친
> 구들이라면 어떻게 하겠어요? (학생들의 이야기를 듣는다.) 오늘 배운 말씀에서
> 자랑하지 않기로 했지요? 올바른 모습의 스티커를 붙여 주세요.
>
> 2. 엄마랑 빵집에서 빵을 사서 나왔는데, 가게 앞에서 배고프다며 빵을 나눠
> 달라고 하는 사람을 만났어요. 그런데 그림 속 친구의 표정을 보니 나눠 주
> 기 아까워하는 것 같아요. 우리 친구들이라면 어떻게 하겠어요? (학생들의 이
> 야기를 듣는다.) 오늘 배운 말씀에서 자선을 할 때는 아까워하지 않아야 한다고
> 배웠지요? 올바른 모습의 스티커를 붙여 보세요.

3. TV에서 전쟁 때문에 힘들어하는 사람들을 보았어요. 그런데 그림 속 친구의 모습은 어떤가요? '휴, 우리나라가 아니라서 다행이다' 하고 있어요. 우리 친구들이라면 어떻게 하겠어요? (학생들의 이야기를 듣는다.) 우리나라도 과거에 전쟁으로 힘들었던 때가 있었어요. 그런데 하나님이 지켜 주셨어요. 그것이 감사하기 때문에 전쟁으로 어려움을 겪는 사람들을 위해 기도해야 해요. 올바른 모습의 스티커를 붙여 보세요.

③ 인도자는 활동을 마무리하고 가정 활동지에 대해 설명한다.

친구들, 오늘 우리는 자선할 때 어떤 마음과 태도로 해야 하는지 배웠어요. 첫째, 자랑하지 않아요. 둘째, 아까워하지 않아요. 셋째, 하나님께 감사하는 마음으로 해요. 오늘 배운 내용을 기억하며 이번 한 주 동안 자선을 실천해 보면 좋겠어요.
이번 주 가정 활동지는 부모님의 자선 이야기를 들어 보는 거예요. 집에 가서 부모님과 함께 꼭 해 보세요.

무엇으로
도울 수
있나요?

{ 자선의 방법 1 }

"물질적 도움"

주제 성구 ——— "이제 너희의 넉넉한 것으로 그들의 부족한 것을 보충함은 후

에 그들의 넉넉한 것으로 너희의 부족한 것을 보충하여 균등하

게 하려 함이라"(고린도후서 8:14).

성경 본문 ——— 고린도후서 8장 1-15절

학습 목표 ——— • 물질로 돕는 자선에 대해 알아요.

• 한 주 동안 물질로 돕는 자선의 방법을 실천해요.

학습 단계

예배 전 꼭 필요한 것

예배 너에게 줄게.

예배 후 씨앗 저금통 만들기

선생님, 안녕하세요. 《세상을 바꾸는 씨앗》 네 번째 시간입니다.
오늘은 물질 기부를 통해 소외된 이웃을 도울 수 있음을 배웁니다.
아이들과의 예배를 기대하며 말씀과 기도로 준비해 주세요.

1. 하나님은 씨 뿌리는 자에게 무엇을 주십니까?(고린도후서 9:10)

2. 구제 헌금을 드리면 하나님께 어떤 결과가 있습니까?(고린도후서 9:12-13)

3. 구제 헌금을 드리면 성도들은 무엇을 얻게 됩니까?(고린도후서 9:14)

1. 내가 가진 물질을 소외된 이웃을 위해 나누고 있습니까?

2. 우리 반 아이들과 함께 물질 기부에 도전할 방법이 있다면 무엇입니까?

• 내가 가진 물질이 하나님의 소유임을 인정하는 우리 반이 되게 하소서.
• 어려운 이웃에게 기쁜 마음으로 물질을 나누는 우리 반이 되게 하소서.

꼭 필요한 것

- 소요시간   15분
- 활동의도   사람이 살아가는 데 꼭 필요한 것이 있음을 안다.
- 준 비 물   4과 교회 활동지, 가위

진행방법

① 인도자는 활동을 설명한다.

> 우리가 살아가기 위해서는 꼭 필요한 물건들이 있어요. 우리 친구들은 무엇
> 이 필요하다고 생각하나요? 교재에 있는 카드를 보면서 한번 생각해 보아요.

② 카드에 어떤 그림들이 있는지 함께 탐색한다.

> 여러 가지가 있네요. 어떤 것들이 있는지 한번 살펴볼까요?
> 예) 이 그림은 밥과 물이에요. 이 그림은 무엇일까요? 우리 친구들이 좋아
>   하는 장난감이네요. 책 그림도 있고, 엄마 아빠가 가지고 다니는 핸드폰
>   도 있어요.

③ 카드를 가위로 자르고 우리가 살아가는 데 꼭 필요하다고 생각하는 물건 카
   드를 모두 고르게 한다. 만약 더 필요한 것이 있다고 생각한다면 빈 카드에
   그림 또는 글씨로 표현한다.

> 이 중에 우리 친구들이 살아가는 데 꼭 필요하다고 생각하는 물건 카드를
> 모두 골라 보세요. 혹시 이 중에 없다면 빈 카드에 그림을 그리거나 글씨로
> 써도 좋아요.

TIP

가위 사용이 미숙한 4-5세 아동의 경우 카드를 미리 잘라서 준비한다.

④ 고른 카드 중에서 우리가 살아가는 데 없어서는 안 된다고 생각하는 물건 세
　가지를 다시 고르게 한다.

> 우리 친구들이 살아가는 데 필요하다고 생각한 것들이 많이 있네요. 그런데
> 친구들, 이 중에서 딱 세 가지만 고를 수 있다면 무엇을 고르겠어요? 잘 생
> 각해 보고 한번 골라 보세요.

⑤ 고른 카드들의 물건이 왜 꼭 필요하다고 생각했는지, 버린 카드들은 왜 고르
　지 않았는지 이야기 나눈다.

> 친구들이 살아가는 데 꼭 필요한, 없어서는 안 되는 것이라고 생각해서 고
> 른 카드들을 한번 볼까요? 왜 이것들이 꼭 필요하다고 생각했나요? (학생들
> 의 이야기를 듣는다. 고르지 않은 카드를 보여 주며) 이것들은 꼭 필요한 것이 아닌가
> 요? (학생들의 이야기를 듣는다.)

⑥ 만약 카드의 물건들이 없다면 어떻게 구할 수 있을지 묻고 이야기를 나눈다.

> 만약 우리 친구들이 꼭 필요하다고 고른 것들이 지금 하나라도 없다면 어떻
> 게 될까요? 이것들을 구하려면 어떻게 해야 할까요? (학생들의 이야기를 듣는다.)

⑦ 인도자는 활동을 정리한다.

> 친구들, 우리가 살아가기 위해 꼭 필요한 것들이 있다는 것을 알아 보았어
> 요. 이런 것들을 구하기 위해서는 돈이 필요해요. 하지만 우리 가족에게 돈
> 이 없다면 어떻게 할 수 있을까요? 또 누군가가 이런 것들이 없다면 우리는
> 어떻게 도와줄 수 있을까요? 오늘 말씀을 통해 배워 보기로 해요.

너에게 줄게.

- 성경 본문　고린도후서 8장 1-5절
- 중심 구절　고린도후서 8장 14절
- 소요시간　30분
- 준 비 물　설교 자료(PPT), 빵, 지폐, 약

찬양

돌봄의 손길 _ 파이디온 선교회
나를 채우시는 하나님의 손길
내게 무엇이 필요한지 다 아시죠
나를 돌보시는 하나님의 손길
내게 무엇이 필요한지 다 아시죠
하나님의 손길을 닮아 나도
다른 이를 채워 주고
하나님의 마음을 닮아 나도
다른 이를 돌보아 줄래요

설교

　우리 친구들, 지난 한 주 동안도 하나님이 기뻐하시는 자선가로 살았
나요? 우리는 지금 《세상을 바꾸는 씨앗》에 대해 배우고 있어요. 첫 번
째 시간에는 하나님의 사랑을 받은 우리는 하나님을 사랑하듯이 이웃을

사랑해야 한다고 배웠어요. 두 번째 시간에는 예수님이 들려주신 이야기 속 사마리아 사람처럼, 또 예수님처럼 도움이 필요한 이웃에게 먼저 다가가서 사랑을 나누고 이웃이 되어 주어야 한다고 배웠지요. 또 세 번째 시간에는 자선을 할 때 아끼지 않는 마음으로, 겸손함과 감사하는 태도로 하기로 결심했어요.

《세상을 바꾸는 씨앗》네 번째 시간인 오늘은 자선의 방법에 대해 말씀을 나눌 거예요.

진짜 도움이 필요해요

예배 전 활동에서 우리가 살아가는 데 꼭 필요한 것들이 있다는 이야기를 나누었지요? 여기 먹을 것이 없어 배고픈 사람이 있어요. 이 사람에게는 당장 무엇이 필요할까요? (대답을 듣는다.) 맞아요. (빵을 보여 주며) 음식을 살 수 있는 (만원 지폐를 보여 주며) 돈이 필요해요. 또, 여기 질병으로 아파하는 가난한 사람이 있어요. 이 사람에게는 어떤 도움이 필요할까요? (대답을 듣는다.) 맞아요. (약을 보여 주며) 약을 사다주거나 (만원 지폐를 보여 주며) 치료비를 구해 주는 등의 도움이 필요해요. 만약 이 사람들에게 먹을 것이나 약을 주지 않고, "힘내세요. 좋은 날이 올 거예요. 제가 기도할게요"라는 응원과 위로의 말만 건넨다면, 정말 필요한 것을 주었다고 할 수 있을까요?

야고보서 2장 15-16절을 같이 읽어 볼게요.

"그리스도 안에서 한 형제 자매된 사람이 옷이나 먹을 것이 필요할 때에, '하나님께서 은혜를 베푸시기를! 몸을 따뜻하게 하고 먹을 것을 좀 많이 드십시오'라고 말하고, 그 사람에게 필요한 것을 주지 않는다면, 그런 말은 아무 도움이 되지 않을 것입니다"(약 2:15-16, 쉬운성경).

우리는 도움이 필요한 사람을 보았을 때 도와주고 싶은 마음을 갖는 데서 그치지 않고, 당장 그들에게 필요한 것, 쓸 수 있는 것을 주어야 해요. 이것을 '기부'라고 해요. 기부는 다른 사람을 돕기 위해서 대가를 바라지 않고 돈이나 음식, 물건을 주는 것을 말해요.

때로는 도움이 필요한 사람에게 직접 음식이나 필요한 물건을 줄 수 없을 수도 있어요. 도움이 필요한 사람이 너무 멀리 있거나 잘 모르는 사람일 수도 있어요. 그럴 때 우리는 돈을 기부해서 도울 수 있어요. 돈을 기부하는 이유는 그 사람이 가장 필요한 것을 살 수 있기 때문이에요.

바울이 기부를 요청했어요

오늘 말씀에서 사도 바울은 고린도교회 사람들에게 기부를 하자고 이야기하고 있어요. 당시 예루살렘에 있던 그리스도인들은 많은 어려움이 있었어요. 오랫동안 비가 오지 않아서 농사를 지을 수가 없었거든요. 농사를 지어야 수확한 곡식을 팔아 돈을 마련할 수 있는데, 그럴 수 없었어요. 그래서 당장 먹을 것이나 입을 옷을 구할 수도 없고, 지낼 집을 마련하기도 어려웠어요. 사도 바울은 이러한 예루살렘 성도들의 소식을 듣고 안타까워하며 그들을 돕기 위한 방법을 고민했어요. 그리고 여러 교회에 이렇게 말했어요.

"여러분, (만원 지폐를 보여 주며) 우리가 가진 이 돈으로 우리를 위해서만 사용하지 말고, 어려움이 있는 사람들을 도웁시다! 함께 연보해 주세요."

'연보'는 우리가 교회에서 누군가를 돕기 위해서 모으는 '구제 헌금'과 같아요. 사도 바울은 연보를 통해 모인 돈으로 예루살렘 성도들을 도와주려고 했어요.

세상을 바꾸는 씨앗 유치부 교사용

교회들은 바울의 뜻을 따라 기부하는 데 동참했어요. 그중에서도 마게도냐 지역에 있던 교회들은 매우 열심히 참여했어요. 가진 돈이 넉넉하지 않아도 도움이 필요한 사람들을 돕기 위해 최선을 다했어요. 어쩌다 한두 번이 아니라, 일 년 동안 꾸준히 기부를 했지요. 마게도냐 교회 성도들이 이렇게 열심히 기부했던 이유는, 도울 수 있는 것이 하나님이 주신 은혜라고 생각했기 때문이에요. 사람들은 하나님이 나에게 무엇을 주셨을 때 은혜라고 말해요. 그런데 마게도냐 성도들은 하나님의 뜻을 따라서 다른 사람을 도울 수 있는 것을 은혜라고 생각했어요. 마게도냐 성도들이 드린 것은 돈뿐만이 아니었어요. 마음도 함께 드렸지요. 바로 이웃을 도울 수 있게 해 주신 하나님께 감사하는 마음이에요.

기부할 때 그냥 내가 가진 돈만 낸다면 하나님을 알지 못하는 사람들이 내는 기부금과 다를 것이 없어요. 마게도냐 성도들은 하나님의 은혜를 생각하며 기쁜 마음을 담아 기부를 풍성하게 할 수 있었어요. 그렇게 기부된 돈으로 예루살렘에서 어려움을 겪던 사람들을 도울 수 있었답니다. 그리고 이러한 마게도냐 교회 성도들의 모습은 다른 교회에도 본이 되어 더 열심히 하게 하는 힘이 되었어요.

우리도 기부할 수 있나요?

친구들, 어린이도 기부할 수 있을까요? 그럼요. 기부는 어른만 하는 것이 아니에요. 나이가 어린 우리도 기부할 수 있어요. 만약 할머니 할아버지께서 맛있는 간식을 사 먹으라고 용돈을 주셨다면, 그중 일부인 500원을 쓰지 않고 모아 두었다가 기부할 수 있어요. 그보다 많은 금액을 할 수도 있지요. "이 적은 돈이 과연 다른 사람에게 도움이 될까?"라고 생각할 수 있지만, 꼭 돈이 많아야만 도움을 줄 수 있는 게 아니거든요. 여러 사람의 돈이 모이고 모이면 도움이 필요한 많은 사람에게 전해질 수 있답니다.

어떤 친구들은 내가 가진 것을 자꾸 기부하면 우리가 가난해질까 봐 걱정하기도 해요. 하지만 걱정할 필요가 없어요. 다른 사람을 도와주고 싶은 우리의 착한 마음을 아시는 하나님이 우리에게 필요한 것들을 주실 거라고 약속하셨기 때문이지요.

어떻게 기부해요?

그렇다면 기부는 어디에 하면 될까요? 먼저, 오늘 성경 말씀처럼 '교회 헌금'을 통해 기부할 수 있어요. 우리 친구들이 매주 예배시간에 드리는 헌금 중 일부는 어려운 사람들을 돕는 데 사용되기 때문이지요. 성도들이 하나님께 드린 헌금으로 교회가 이웃들을 돕고 있어요. 우리 친구들도 그동안 기부를 하고 있었던 셈이지요. 또 다른 방법으로는 '자선 단체'를 통해 기부할 수 있어요. 자선 단체는 우리처럼 다른 사람을 돕고 싶어 하는 사람들의 기부금을 모아서 꼭 필요한 사람들에게 전달해 주는 우체부 역할을 해요.

마무리

사랑하는 친구들, 우리는 오늘 기부를 통해 이웃을 돕는 방법을 살펴보았어요. 자선은 어려운 것이 아니에요. 배고프지만 먹을 것이 없는 사람을 만났다면 내가 가진 음식을 나누어 주는 것, 그리고 어디선가 어려움을 겪고 있는 사람을 위해 내가 가진 돈을 조금이라도 기부하는 것, 그것이 바로 자선이에요. 내가 가진 것을 나만을 위해서 사용하지 않고 어려운 이웃을 돕기 위해 나눌 때, 그 모습을 하나님도 기뻐하세요.

우리 친구들은 무엇을 기부할 수 있나요? 이번 한 주는 우리 친구들도 직접 기부해 보았으면 좋겠어요. 우리 친구들의 작은 도움이 받는 사람들에게는 큰 도움이 될 거예요. 그리고 그 모습을 보며 하나님도 기뻐하실 거예요.

결단기도

사랑의 하나님. 도움이 필요한 사람들에게 도움을 줄 수 있는 기부를 가르쳐 주셔서 감사해요. 마게도냐 교회의 성도들이 예루살렘 교회를 돕기 위해 마음과 정성을 다해 기부했던 것처럼, 우리도 어려운 사람들을 위해서 기부하고 싶어요. 나에게 주신 것을 다른 사람들을 위해 사용하면서 하나님이 주시는 기쁨도 느낄 수 있도록 인도해 주세요. 예수님의 이름으로 기도합니다. 아멘.

예배 후 활동

씨앗 저금통 만들기

- 소요시간 　　15분
- 활동의도 　　기부를 위해 사용할 저금통을 만들고 실제로 가정에서 기부가 이루어
　　　　　　 지도록 한다.
- 준　비　물 　일회용 투명 컵, 구멍이 뚫린 투명 뚜껑, 부록 스티커, 사인펜

진행방법

① 인도자는 설교 내용을 상기시키고 활동을 설명한다.

> 친구들, 이 시간에는 우리 친구들이 집에서도 기부할 수 있는 저금통을 만
> 들어 보기로 해요.

② 투명 컵에 뚜껑을 덮어 학생들에게 나누어 준다.

③ 교재 스티커와 사인펜을 활용하여 저금통을 꾸민다.

④ 이것은 이웃을 돕기 위한 저금통임을 학생들에게 알려 준다.

> 친구들, 모두 잘 만들었어요. 이 저금통은 '기부 저금통'이에요. 나를 위해서
> 쓸 돈이 아니라, 이웃을 도울 기부금을 이 통에 모아 보아요.

　　　　　　　　　　　　　　　　세상을 바꾸는 씨앗 유치부 교사용

⑤ 가정에 가져가서 가족과 함께 저금통에 기부금을 모으기로 약속한다.

기부는 돈이 많아야만 할 수 있는 것이 아니에요. 우리 친구들이 매일 백 원, 이백 원씩 모으면 그것도 누군가에게는 큰 도움이 된답니다. 이 저금통을 집에 가져가서 가족과 어떻게 사용할지 이야기 나누며 가정 활동지에도 써 보고 잘 활용했으면 좋겠어요.

기부 저금통 완성 컷

또 다른
기부 방법이
있나요?

{ 자선의 방법 2 }

주제 성구 ———— "그 주인이 이르되 잘하였도다 착하고 충성된 종아 네가 적은

일에 충성하였으매 내가 많은 것을 네게 맡기리니 네 주인의 즐

거움에 참여할지어다 하고"(마태복음 25:21).

성경 본문 ———— 마태복음 25장 14-30절

학습 목표 ———— • 재능으로 돕는 자선의 다양한 방법을 찾아요.

• 한 주 동안 재능으로 돕는 자선을 실천해요.

예배 전	나는 말이야….
예배	나도 칭찬받을래요.
예배 후	나도 칭찬받을래요.

선생님, 안녕하세요. 《세상을 바꾸는 씨앗》 다섯 번째 시간입니다.
오늘은 나의 재능을 기부하여 소외된 이웃을 도울 수 있음을 배웁니다.
아이들과의 예배를 기대하며 말씀과 기도로 준비해 주세요.

1. 각각 다섯 달란트와 두 달란트를 받은 종들은 그 돈을 어떻게 했습니까?
   (마태복음 25:16-17)

2. 주인은 한 달란트 받았던 종의 이야기를 듣고 그를 무엇이라 불렀습니까?
   (마태복음 25:26)

3. 주인이 종들에게 다섯 달란트, 두 달란트, 한 달란트씩을 맡긴 기준은 무엇
   입니까?(마태복음 25:15)

1. 교사로서 내가 가진 재능과 장점 및 강점은 무엇입니까?

2. 우리 반 아이들이 재능을 발휘할 수 있는 방법이 있다면 무엇입니까?

• 하나님이 주신 달란트(재능)를 발견하는 우리 반이 되게 하소서.
• 재능을 발휘하여 세상에 선한 영향력을 끼치는 우리 반이 되게 하소서.

나는 말이야….

- 소요시간   15분
- 활동의도   내가 잘하는 것, 좋아하는 것이 무엇인지 생각해 본다.
- 준 비 물   5과 교회 활동지 1, 색연필, 사인펜

진행방법

① 인도자는 활동을 설명한다.

> 친구들, 하나님은 우리 모두에게 잘하는 것, 좋아하는 것을 주셨어요. 우리 친구들은 무엇을 잘하나요? 또 무엇을 좋아하나요? 활동지에 그림이나 글씨로 표현해 보세요.

② 인도자는 아이들이 유연하게 생각할 수 있도록 다양한 예들을 제시한다. 인도자 자신의 재능을 먼저 이야기해 주는 것도 좋다.

> 예)
>
> 그림 그리는 것을 좋아해요.   숫자놀이를 좋아해요.
>
> 노래 부르는 것을 좋아해요.   다른 사람이 한 말을 잘 기억해요.
>
> 달리기를 잘해요.   힘든 일도 잘 참고 끝까지 해내요.
>
> 힘이 세요.   양보를 잘해요.
>
> 이야기를 재미있게 해요.   기도를 잘해요.
>
> 동물을 사랑해요.   처음 보는 사람에게 먼저 다가가요.
>
> 동생을 잘 돌봐요.   친구의 기분을 잘 알아줘요.
>
> 친구의 이야기를 귀 기울여 들어요.   만들기를 잘해요.

③ 학생들이 표현한 것을 서로 이야기할 수 있게 한다.

> 우리 친구들이 잘하는 것과 좋아하는 것이 무엇인지 다른 친구들에게 이야기해 주세요. 다른 친구들은 이야기하는 친구에게 귀 기울여 주세요.

④ 인도자는 활동을 마무리한다. 활동지는 인도자가 모은 뒤 예배 후 활동에서 다시 활용한다.

> 우리 친구들이 잘하는 것, 좋아하는 것이 이렇게 다양하군요? 역시 하나님의 걸작품들이에요. 그렇다면 하나님이 우리 친구들이 좋아하는 것, 잘하는 것으로 무엇을 하기 원하시는지 말씀을 통해 알아보기로 해요.

나도 칭찬받을래요.

- 성경 본문　　마태복음 25장 14-30절
- 중심 구절　　마태복음 25장 21절
- 소요시간　　30분
- 준 비 물　　설교 자료(PPT)

찬양

사랑을 나눌 때_ 만나교회 M.Kidz

사랑을 나눌 때 하나님 기뻐하세요

사랑을 나눌 때 예수님 미소지어요

친구야 나의 가진 것 너에게 줄게

나의 사랑 받아 줄래 사랑해 친구야

하나님 날 위해 세상을 만드셨어요

예수님 날 위해 생명을 주시었어요

친구야 나도 널 위해 나누며 살게

나의 사랑 받아 줄래 사랑해 친구야

설교

　사랑하는 우리 친구들, 지난 한 주도 하나님의 사랑을 실천하며 지냈나요? 지난 시간에는 이웃에게 자선을 베푸는 방법 중에 우리가 가진 돈이나 물건을 나누는 기부에 대해 배웠어요. 한 주 동안 우리 친구들이 배운 내용을 어떻게 실천했는지 정말 궁금해요.

《세상을 바꾸는 씨앗》다섯 번째 시간, 오늘은 자선의 또 다른 방법에 대해 말씀을 나눌 거예요.

재능도 기부할 수 있어요

우리 친구들은 '재능 기부'라는 말을 들어 보았나요? 지난 시간에 '기부'의 뜻을 배웠던 것 기억하지요? 기부는 다른 사람을 위해 대가 없이 내가 가진 돈이나 물건을 나누어 주는 것이라고 했어요. 이렇게 돈이나 물건을 기부하는 것처럼 우리가 가진 재능도 기부할 수 있어요.

'재능'은 우리가 잘하는 것, 좋아하는 것을 말해요. (그림 또는 사진 자료 활용) 이 사람은 어릴 때부터 피아노 치는 것을 좋아했어요. 또 피아노를 잘 친다는 이야기도 많이 들었지요. 하나님이 이 사람에게 피아노를 잘 연주할 수 있는 재능을 주셨기 때문이에요. 이 재능을 가지고 열심히 연습해서 유명한 피아니스트가 되었어요. 세계 곳곳을 다니며 연주도 많이 해서 인기도 많았고, 돈도 많이 벌었지요. 이 사람은 피아노 연주를 잘하는 재능을 이웃을 위해서 사용했어요. 아파서 입원한 사람들을 위해서 병원을 찾아가 연주회를 열기도 하고, 피아노를 배우고 싶어도 돈이 없어서 배우지 못하는 사람들에게 피아노를 가르쳐 주기도 했지요. 또 주변 사람들에게 재능도 기부할 수 있다고 알려 주고 함께하자고 권했어요. 친구들, 예수님이 이 모습을 보시고 뭐라고 말씀하실까요? 아마도 착하고 충성된 종이라고 칭찬해 주실 거예요. 이렇게 우리가 좋아하고, 잘하는 것을 이웃을 위해 사용하는 것을 '재능 기부'라고 해요.

재능을 주신 이유가 있어요

우리 친구들도 잘하거나 좋아하는 것이 있지요? 우리가 이런 것들을 잘할 수 있게, 좋아하게 해 주신 분은 누구실까요? 맞아요. 바로 하나님이세요. 하나님은 우리의 겉모습을 모두 다르게 만드셨어요. 잘하는 것, 좋아하는 것도 모두 다르게 만드셨지요. 그런데 하나님이 우리에게 재능을 주신 이유가 있대요. 오늘 성경 이야기 속으로 한번 들어가 볼까요?

등장인물 - 주인, 하인 3명

주인 여보게, 내가 중요한 일이 있어서 오랫동안 집을 떠나게 되었네. 언제쯤 일을 끝내고 돌아올지 잘 모르겠어. 내가 돌아올 때까지 자네들에게 달란트를 좀 맡기려고 불렀네. 내가 자네들에게 얼마나 맡길지 생각해 봤는데, 내 생각에는 자네들이 이 정도는 충분히 맡아 관리할 수 있을 거라고 생각한다네. 자네는 능력이 많으니 다섯 달란트를 맡기겠네. 그리고 자네는… 두 달란트는 충분히 감당할 수 있을 거야. 마지막으로 자네에게는 한 달란트를 맡기지. 내가 돌아올 때까지 이 달란트들을 잘 사용하게나.

달란트는 옛날 이스라엘 사람들이 사용하던 돈이었어요. 종들은 주인에게 달란트를 어떻게 해야 할지 고민했어요. 다섯 달란트를 받은 사람과 두 달란트를 받은 사람은 달란트를 가지고 열심히 일을 했어요. 그런데 한 달란트를 받은 사람은 땅속에 잘 묻어 두었답니다. 시간이 얼마나 흘렀을까요? 주인이 돌아왔어요. 주인은 달란트를 맡았던 사람들을 불러 모았어요.

하인 1 주인님. 저에게 맡겨 주신 다섯 달란트를 가지고 열심히 일을 해서 다섯 달란트를 더 갖게 되었어요. 열 달란트가 여기 있습니다.

주인 그래. 정말 잘했다. 착하고 충성된 종이구나. 내가 너에게 더 많은 것을 맡길 수 있겠다. 나와 함께 기뻐하자꾸나.

하인 2 주인님. 저에게 맡겨 주신 두 달란트를 가지고 열심히 일을 해서 두 달란트를 더 갖게 되었어요. 네 달란트가 여기 있습니다.

주인 그래. 너도 정말 잘했다. 착하고 충성된 종이구나. 내가 너에게 더 많은 것을 맡길 수 있겠다. 나와 함께 기뻐하자꾸나. (한 달란트 맡은 종을 보며) 너는 어떠니? 너의 이야기도 들어 보자꾸나.

하인 3 (쭈뼛거리며) 주인님. 저는 주인님께서 맡기신 한 달란트를 땅속에 고이 묻어 두었습니다. 주인님이 그걸 사용하라고 주신 줄 몰랐거든요. 그저 저는 잘 보관만 하라고 주신 줄 알았어요.

주인 휴, 너는 정말 어리석고 게으르구나. 땅에 묻어 둘 것이었으면 굳이 너에게 맡겼겠느냐? 너에게는 더 이상 아무것도 맡길 수 없구나!

이 이야기에 나오는 주인은 예수님이고, 달란트를 받은 사람들은 바로 우리에요. 그리고 달란트는 예수님이 우리에게 주신 재능을 말해요. 다섯 달란트와 두 달란트를 받았던 사람들이 칭찬을 받은 이유는 무엇일까요? 자기에게 맡긴 달란트를 가지고 열심히 일해서 많은 열매를 맺었기 때문이에요. 그렇다면 한 달란트 받은 사람은 왜 혼이 났을까요? 주인이 맡긴 달란트를 사용하지 않고 내버려 두었기 때문이에요.

예수님은 부활하셔서 하늘로 올라가시면서 우리 친구들에게도 달란트, 즉 재능을 맡기셨어요. 그리고 이 땅에 다시 오실 때까지 우리 친구들이 그 달란트를 잘 사용하기 원하세요.

우리도 할 수 있어요

재능 기부는 어른들만, 유명한 사람들만 할 수 있는 것이 아니에요. 우리 친구들도 할 수 있어요. 하나님이 우리 친구들에게는 어떤 재능을 주셨나요? 예배 전 활동에서 우리 친구들이 좋아하는 것과 잘하는 것을 생각해 보았지요? (예배 전 활동지 중 몇 장을 소개한다) 어떤 친구는 노래하기를 좋아하고, 어떤 친구는 축구를 좋아해요. 블록으로 멋진 작품을 만들어 내는 친구가 있는가 하면, 그림을 잘 그리는 친구도 있어요. 친구의 이야기를 귀 기울여 잘 들어주는 친구도 있고요, 어떤 친구는 이야기를 아주 재미있게 해서 다른 사람들을 즐겁게 해 주기도 해요.

이런 다양한 재능만큼이나 재능을 가지고 이웃을 돕는 방법도 아주 다양해요. 노래를 잘하거나 좋아하는 친구들은 양로원에서 가서 할머니 할아버지께 노래를 불러드릴 수 있어요. 만들기를 좋아하는 친구들은 정성껏 만든 모자를 아프리카 아기들을 위해 보낼 수도 있지요. 몸이 건강한 친구들은 연탄 봉사를 할 수 있어요. 치료를 받느라 머리카락이 없는 환자들을 위한 가발을 만들 수 있도록 머리카락을 길러서 기부할 수도 있지요. 어릴 때부터 내가 할 수 있는 방법을 찾아 이웃을 도와준다면 예수님이 보시고 정말 기뻐하실 거예요. "정말 잘했다. 너는 착하고 충성된 종이야"라고 칭찬하시고 더 많은 달란트를 맡겨 주실 거예요. 처음에 우리 친구들이 이야기했던 잘하는 것 또는 좋아하는 것을 생각해 보세요. 그것을 가지고 우리는 무엇을 할 수 있을까요?

마무리

친구들, 하나님이 우리 모두에게 달란트, 재능을 주셨어요. 우리는 그 재능을 사용해서 이웃을 도울 수 있어요. 이것이 바로 하나님이 우리에게 재능을 주신 이유예요. 우리는 아직 어리기 때문에 내 재능이 무엇인지 잘 모를 수도 있어요. 하지만 우리가 커 가면서 하나님이 주신 재능을 발견하게 될 거예요. 이미 발견한 친구가 있다면 그 재능으로 이웃을 도울 방법을 찾아 보았으면 좋겠어요. 만약 혼자서 하기 힘들다면 친구들과, 또는 가족과 함께해도 좋아요. 그래서 예수님께 "너는 착하고 충성된 종이구나"라고 칭찬받는 친구들이 되기를 축복합니다.

결단기도

사랑의 하나님. 오늘도 말씀해 주셔서 감사합니다. 우리에게 주신 재능을 가지고 어려운 이웃을 도울 수 있다는 것을 배웠어요. 맡겨진 달란트를 잘 사용해서 칭찬받았던 종들처럼 우리도 하나님이 주신 재능을 잘 사용해서 하나님께 칭찬받고 싶어요. 그렇게 할 수 있도록 도와주세요. 예수님의 이름으로 기도합니다. 아멘.

나도 칭찬받을래요.

- 소요시간 　 15분
- 활동의도 　 내가 할 수 있는 재능 기부에 대해 알아본다.
- 준 비 물 　 5과 교회 활동지 2, 스티커

진행방법

① 인도자는 설교 내용을 간단히 상기시킨 후 활동을 설명한다.

> 친구들, 예배 전 활동에서 우리 친구들의 재능-잘하는 것, 좋아하는 것을 나
> 누어 보았지요? 또 말씀을 통해서 우리의 재능으로 이웃을 도울 수 있다고
> 배웠어요. 교재에 있는 그림과 설명을 보고 이런 상황에서는 어떤 재능을 가
> 지고 어떻게 도울 수 있을지 생각해 보아요.

② 제시된 상황을 소개하고 어떤 재능 기부를 할 수 있을지 유아들의 생각을
　 묻는다.

> 이곳은 어린 친구들이 있는 어린이집이에요. 어! 그런데 도움이 필요한 친구
> 들이 많이 있어 보이네요. 우리 친구들의 재능을 가지고 어떻게 도울 수 있
> 을지 생각해 볼까요?
>
> **1. 책을 거꾸로 들고 있는 어린이**
> 이 아기는 책을 읽고 싶은데 글씨를 모르는 것 같아요. 어떻게 도와주면 좋
> 을까요? 글씨를 읽을 수 있는 친구가 있다면 책을 읽어 줄 수 있어요. 또 재
> 미있는 이야기를 만들어서 들려줄 수도 있어요.
>
> **2. 울고 있는 어린이**
> 이 아기는 엉엉 울고 있어요. 어떤 재능을 가지고 도와줄 수 있을까요? 우는

104　　　　　　　　　　　　세상을 바꾸는 씨앗 유치부 교사용

동생을 잘 달래 줄 수 있는 친구는 동생을 토닥토닥 해 주며 달래 줄 수 있어요. 또 이 친구가 뭐가 불편한지 말하는 것을 잘 들어주고, 안아 줄 수도 있지요. 또 기분이 좋아지도록 노래를 불러 주거나, 재미있는 표정으로 기분 좋게 해줄 수도 있어요.

3. 배고파하는 어린이
이 아기는 배가 고픈가 봐요. 어떻게 도와주면 좋을까요? 요리를 좋아하는 친구는 엄마와 함께 만든 쿠키를 나눠 줄 수 있어요. 팔이 튼튼한 친구는 어른들이 준비해 준 음식을 가져다줄 수 있어요.

4. 혼자 심심해하는 어린이
이 아기는 같이 놀 친구가 없어서 심심해하고 있네요. 어떻게 도와줄 수 있을까요? 용기가 있는 친구라면 먼저 다가가 같이 놀자고 말할 수 있어요. 또 다른 사람들을 재미있게 해 주는 것을 좋아하는 친구들은 재미있게 놀아 줄 수도 있지요.

③ 스티커 그림 외에 다른 의견이 있다면 빈 공간에 그림 또는 글씨로 표현하도록 하고 격려한다.

④ 인도자는 활동을 정리하며 가정 활동지에 대해 설명한다.

우리가 좋아하는 것이나 잘하는 것으로 이렇게 다양하게 재능 기부를 할 수 있어요. 우리 친구들 모두 하나님이 주신 재능을 다른 사람을 위해 기부하고, 어려운 사람들을 돕는 데 사용해서 하나님께 칭찬받을 수 있기를 축복해요. 이번 주 가정 활동지는 우리 가족 재능 알아보기예요. 집에 가져가서 부모님과 함께 꼭 해 보기를 바랍니다. 다음 주에는 가족들과 함께 유치부 예배를 드리는 날이에요. 온가족이 함께 참석하면 좋겠어요.

자선은 언제까지 해야 하나요?

{ 자선의 실천 }

주제 성구 ——— "임금이 대답하여 이르시되 내가 진실로 너희에게 이르노니 너

희가 여기 내 형제 중에 지극히 작은 자 하나에게 한 것이 곧 내

게 한 것이니라 하시고"(마태복음 25:40).

성경 본문 ——— 마태복음 25장 34-45절

학습 목표 ——— • 자선이 어떤 변화를 일으키는지 알아요.

• 자선을 계속해서 실천하기로 다짐해요.

학습 단계

예배 전 [대그룹 활동] 우리가 심은 씨앗

예배 [온가족 예배] 진짜 시작이에요!

예배 후 [대그룹 활동] 세상을 바꾸는 씨앗

선생님, 안녕하세요. 《세상을 바꾸는 씨앗》 마지막 시간입니다.
오늘은 자선이 일으키는 세상의 변화를 기대하며 지속적으로 실천해야 함을 배웁니다.
부모님들과 함께 드리는 예배를 기대하며 말씀과 기도로 준비해 주세요.

1. 오른쪽에 있는 사람들이 칭찬받은 이유는 무엇입니까?(마태복음 25:34-36)

2. 어려운 상황에 놓인 보잘것없는 한 사람에게 한 것이 곧 누구에게 한 것입
니까?(마태복음 25:40)

3. 예수님은 이웃을 도운 사람들에게 무엇을 받으라고 말씀하십니까?
(마태복음 25:34)

1. 우리가 이 땅에서 이루어야 할 하나님 나라는 어떤 모습입니까?

2. 반 아이들과 함께 지속적으로 자선을 실천할 방법이 있다면 무엇입니까?

• 하나님 나라를 이루는 것을 삶의 목표로 삼는 우리 반이 되게 하소서.
• 교육이 끝나도 계속해서 자선의 씨앗을 뿌리는 우리 반이 되게 하소서.

우리가 심은 씨앗

- 소요시간　　15분
- 활동형태　　대그룹 활동
- 활동의도　　가족과 함께 그동안 배운 내용과 실천한 자선을 생각해 본다.
- 준 비 물　　6과 교회 활동지, 색연필, 사인펜 등

진행방법

① 인도자는 유치부 예배에 참석한 부모님과 가정을 축복하고 활동을 설명한다.

> 유치부 예배에 오신 여러분 모두를 환영합니다. 《세상을 바꾸는 씨앗》 마지막 시간, 온 가족이 함께 다짐하는 시간을 갖기 위해 가족들을 유치부 예배에 초대했습니다. 지난 5주 동안 《세상을 바꾸는 씨앗》을 배우면서 가정에서는 어떤 시도, 변화들이 있었나요? 이 시간에는 그동안 배운 내용들과 가정에서 실천했던 것들을 다시 한번 돌아보려고 해요. 활동지를 보고 1~5과까지 빈칸에 써 보세요.

② 1~5과 가정 활동지를 보며 가족들과 함께 실천했던 내용들을 회상해 보고 활동지 빈칸을 채운다.

③ 가장 의미 있었던, 또는 기억에 남은 실천은 무엇이었는지 가족들과 이야기 나눈다.

④ 시간이 있다면 앞에 나와서 발표해 본다.

> 의미 있는 경험이나 시도 등을 함께 나누고 싶은 가정이 있나요?
>
> (발표를 듣고 격려한다.)

⑤ 인도자는 활동을 정리하며 마무리한다.

> 가족들의 이야기를 들어 보니 지난 5주 동안 여러 가지를 생각해 보고, 또 변화도 경험할 수 있었다고 생각합니다. 오늘은 《세상을 바꾸는 씨앗》 마지막 시간입니다. 이제 온가족 예배를 통해서 자선을 결단하는 시간을 갖겠습니다.

진짜 시작이에요!

- **성경 본문** 마태복음 25장 34-45절
- **중심 구절** 마태복음 25장 40절
- **소요시간** 30분
- **준 비 물** 설교 자료(PPT)

찬양

우리들 사랑_ 파이디온 선교회

우리가 이곳에 모여서 함께 살아가는 것은

푸르고 푸르른 주의 나라를 만들기 위함이라

서로 돕고 서로 섬기며 서로 나누고 서로 아끼면

우리들이 꿈꾸는 아름다운 주의 나라 이뤄지리

도와주고 안아 주고 나눠 주고 업어 주면

우리들이 사는 세상 아름다운 세상이 되리

설교

　사랑하는 우리 친구들 그리고 함께 참석해 주신 가족 여러분, 지난 한 주도 하나님의 사랑을 나누며 지냈나요? 그동안 우리는 《세상을 바꾸는 씨앗》을 통해 어떤 마음으로 자선을 해야 하는지 또 자선의 방법에는 무엇이 있는지 배웠어요. 그동안 배운 것들을 잘 실천해 보았나요?

　《세상을 바꾸는 씨앗》 마지막 시간, 자선을 통해 어떻게 세상이 바뀔 수 있는지 성경을 통해 주시는 말씀을 들어 보기로 해요.

지극히 작은 자에게 한 것

여기 예수님 앞에 사람들이 서 있어요. 예수님이 오셔서 오른쪽에 있는 사람들에게 말씀하셨어요.

"너희는 복을 받은 사람들이다. 왜냐하면 내가 배고플 때, 너희는 내게 먹을 것을 주었기 때문이야. 또 내가 목마를 때, 너희는 나에게 마실 것을 주었지. 그리고 내가 나그네로 있을 때, 너희는 나를 너희 집으로 초대해 주었어. 뿐만 아니야. 내가 옷이 없어서 헐벗었을 때, 너희는 내게 입을 옷을 주었잖니. 그리고 내가 아플 때, 너희는 나를 돌보아 주었어. 또 내가 곤경에 처했을 때에도 너희는 나를 찾아와 주었어."

이 이야기를 들은 사람들은 어리둥절해서 이렇게 이야기했어요.

"예수님, 저는 예수님을 만난 적이 없는 걸요? 저는 예수님이 배고프실 때 먹을 것을 드린 적도 없고, 목말라 하실 때 물을 드린 적도 없어요."

그러자 예수님이 이렇게 말씀하셨어요.

(가난한 사람, 배고픈 사람, 아픈 사람 그림을 보여 주며) "여기 있는 도움이 필요한 작은 사람에게 한 것이 바로 나에게 한 것이란다. 천국은 너희들의 것이다."

예수님이 이번에는 왼쪽에 있는 사람들에게 말씀하셨어요.

"너희는 아주 큰 잘못을 한 사람들이다. 왜냐하면 내가 배고플 때, 너희는 내게 먹을 것을 주지 않았기 때문이지. 또 내가 목마를 때, 너희는 나에게 물 한 모금도 주지 않았어. 그리고 내가 나그네로 있을 때, 너희는 나를 모른 척했어. 뿐만 아니야. 내가 옷이 없어서 헐벗었을 때, 너희는 내게 입을 옷을 주지도 않았잖니. 그리고 내가 아플 때, 또 곤경에 처했을 때도, 너희는 나를 돌보지 않았지."

이 이야기를 들은 사람들은 어리둥절해서 이렇게 말했어요.

"예수님, 저는 예수님을 만난 적이 없는 걸요? 예수님을 보았다면 당연히 도와드렸을 거예요! 우리가 대체 언제 예수님이 배고프거나, 목마르거나, 나그네 되었거나, 헐벗었거나, 아프거나, 곤경에 처한 것을 보고도 모른 척했다는 거예요? 말도 안 돼요!"

그러자 예수님이 이렇게 말씀하셨어요.

(가난한 사람, 배고픈 사람, 아픈 사람 그림을 보여 주며) "여기 있는 도움이 필요한 작은 사람을 도와주지 않은 것이 바로 나를 돕지 않은 것이야!"

예수님께 하듯 이웃을 도와요

오른쪽에 있었던 사람들은 왜 칭찬을 받았나요? (학생들의 대답을 듣는다.) 맞아요. 도움이 필요한 사람들에게 도움을 주었기 때문이에요. 그렇다면 왼쪽에 있었던 사람들은 왜 혼이 났을까요? (학생들의 대답을 듣는다.) 도움이 필요한 사람들을 보고도 도움을 주지 않았기 때문이에요.

그런데 왜 예수님은 도움이 필요한 사람에게 한 것이 예수님에게 한 것과 똑같다고 말씀하셨을까요? 사람들은 멋지고, 좋아 보이고, 또 나에게 무엇을 줄 수 있을 것 같은 사람들과 친해지고 싶어 해요. 하지만 예수님은 그런 모습으로 오지 않으셨어요. 예수님은 멋지고 화려한 궁전이나 부잣집이 아니라, 작고 작은 마을 베들레헴의 마구간에서 가장 작고 약한 모습으로 태어나셨지요. 또 예수님은 가난하고, 배고프고, 아픈 사람들과 함께 지내면서 그들의 아픔을 자기 일처럼 생각하시면서 똑같이 아파하셨어요.

예수님은 십자가에 달려 돌아가시기 전에도 계속해서 이웃을 사랑하라 말씀하셨고, 또 도움이 필요한 이웃들을 사랑으로 도와주셨지요. 예수님이 "가장 작은 사람에게 한 것이 나에게 한 것이다"라고 하신 말씀은 바로 이런 뜻이에요. 배고프고, 가난하고 아픈 사람들을 볼 때에 그 사람들을 안타까워하시는 예수님의 마음을 느낄 수 있어야 해요. 그리고 예수님께 하는 마음으로 이웃을 도와주어야 해요.

천국은 바로 여기에

이 이야기는 마지막 때, 예수님이 이 땅에 다시 오셨을 때의 이야기예요. 예수님은 죽으셨다가 부활하신 후에 하늘로 올라가시면서 다시 오시겠다고 약속하셨어요. 언제인지는 알 수 없지만 그때가 되면 우리도 이 이야기처럼 예수님 앞에서 심판을 받게 돼요. 하나님의 자녀인 우리가 하나님의 사랑을 가지고 이웃을 잘 돌보았는지 그렇지 않았는지 예수님이 모두 아시고 말씀하실 거예요.

사랑하는 친구들, 그리고 가족 여러분. 《세상을 바꾸는 씨앗》 자선 교육은 오늘로 끝이 나요. 교육은 끝나지만 자선은 이제부터 시작이에요. 자선은 어쩌다가 한 번 하는 이벤트가 아니에요. 또 내가 하고 싶은 마음이 생길 때만, 가진 것이 넉넉할 때만 하는 것도 아니에요. 매일 밥을 먹듯이 우리의 삶에서 계속되어야 해요. 그러면 예수님은 이웃을 사랑으로 잘 돌본 우리를 보시고 천국이 우리의 것이라고 말씀하실 거예요.

천국은 구원받은 우리가 죽은 다음에 가는 곳이에요. 천국은 아픔도, 슬픔도, 배고픔도 없고 기쁨과 사랑이 넘치는 하나님의 나라예요. 예수님은 우리가 사는 동안에도 그 하나님의 나라를 누리며 살아가기 원하세요. 하나님의 사랑을 가지고 이웃을 사랑할 때 우리는 하나님 나라를 경험할 수 있어요. 예를 들어 배고픈 사람에게 먹을 것을 주면 우리는 하나님이 주시는 나눔의 기쁨을 맛보게 돼요. 또 우리의 도움을 받은 사람들은 우리가 나눈 하나님의 사랑을 통해 아프거나 슬프지 않게 돼요. 그것이 바로 천국이에요. 나의 세상도, 도움을 받는 사람의 세상도 천국으로 바뀌어요. 언젠가는 도움을 받던 사람이 도움을 주는 사람이 될 수도 있겠지요. 그 사람이 또 다른 사람에게 천국을 맛보게 해줄 수도 있어요. 이렇게 자선이 계속 이어지는 거예요. 그러면 나와 너의 세상뿐만 아니라 우리 모두의 세상이 하나님 나라로 바뀔 수 있겠지요?

마무리

사랑하는 유치부 친구들과 가족 여러분, 지난 6주 동안 우리는 《세상을 바꾸는 씨앗》 자선에 대해서 배웠어요. 잘 기억하고 있나요? 하나님을 사랑하듯이 이웃을 사랑해야 한다고 배웠고, 우리의 이웃은 이 세상의 모든 사람이라고 배웠어요. 또 이웃에게 도움을 줄 때는 아까워하거나 잘난 척하지 않고, 감사한 마음으로 해야 한다고 배웠지요. 그리고 내가 가진 돈이나 재능을 기부해서 도울 수 있다고 배웠어요.

이제 그동안 배운 것을 가지고 우리가 실천할 차례예요. 나 혼자서 자선을 한다고 세상을 바꿀 수 없어요. 하지만 내 옆의 친구, 가족, 그리고 우리 교회가 함께 자선을 한다면 더 많은 사람의 세상을 바꿀 수 있어요. 또 우리의 도움을 받은 이웃들이 또 다른 어려움에 처한 이웃을 돕게 된다면 우리가 사는 모든 세상이 바뀔 수 있을 거예요.

우리가 나누는 사랑과 실천이 이 세상을 바꾸고 이 땅에 천국을 이루어 가는 씨앗이라는 것을 기억했으면 좋겠어요. 그리고 예수님이 다시 오실 때까지 이웃을 사랑하고 자선을 행하는 우리 친구들과 가족들이 되기를 축복합니다.

사랑의 하나님. 지난 6주 동안 자선을 배우게 해 주셔서 감사해요. 그 동안 배운 말씀을 마음에 새기고, 우리의 손과 발을 통해 실천하기로 다짐합니다. 예수님이 다시 오실 때까지 이웃을 사랑하면서 세상을 바꾸고, 이 땅에 하나님의 나라를 이루어갈 수 있도록 도와주세요. 예수님의 이름으로 기도합니다. 아멘.

세상을 바꾸는 씨앗

- 소요시간   15분
- 활동형태   대그룹 활동
- 활동의도   온 가족이 함께 자선을 계속 이어가기로 다짐하는 선언서를 작성한다.
- 준 비 물   〈우리 가족 자선 선언문〉, 펜, 벽걸이용 끈, 테이프

진행방법

① 인도자는 설교 내용을 간단히 상기시킨 후 활동을 설명한다.

> 《세상을 바꾸는 씨앗》의 6주 과정이 모두 끝났습니다. 하지만 이제부터가
> 진짜 시작이라는 것 알고 계시죠? 우리 가족이 앞으로 어떻게 자선을 이어
> 나갈지 구체적으로 계획을 세워 보면 좋겠습니다. 지난 5주 동안 가정에서
> 함께 나누었던 내용들과 활동지에 나와 있는 질문들을 바탕으로 선언문을
> 작성해 주세요. 선언문은 구체적일수록 좋습니다.

② 가정별로 지난 5주 동안 결심했던 내용들을 참고하여 앞으로 자선을 어떻
   게 실천할 것인지 구체적으로 작성한다.

③ 모두 작성한 후에는 뒷면에 벽걸이용 끈을 달아 준다.

④ 서너 가정을 선정하여 발표하고 격려하는 시간을 갖는다.

> 결심한 것을 실천하기 위해 가장 좋은 동기는 여러 사람 앞에서 알리는 것입
> 니다. 이 자리에서 우리 가족의 결심을 발표해 주실 가정이 있나요?

⑤ 인도자는 활동을 정리하며 마무리 한다.

> 사랑하는 유치부 가정들의 결심을 들으니 벌써 기대가 됩니다. 이 결심들이 선언문에 글자로만 남는 것이 아니라 잘 실행되기를 응원하며 기도합니다. 오늘 작성하신 선언문은 집 현관이나 냉장고 등 온 가족이 잘 볼 수 있는 곳에 붙여 놓기 바랍니다. 가족들이 서로 자선을 잘 실천할 수 있도록 응원하고 확인하는 장치가 되어 줄 것입니다. 다 같이 외쳐 볼까요? 세상을 바꾸는 씨앗 화이팅!

Tip!

패들렛 프로그램을 활용하여 자선 선언문 실천 후기를 서로 공유할 수 있습니다. 패들렛 이용 방법은 QR코드를 통해 확인할 수 있습니다.

자선 단체 리스트

자선 단체 리스트

※ 해당 리스트는 KCOC, 한국자선단체협의회, 한국가이드스타에서 발췌한 자선 단체 목록이며, 이는 많은 자선 단체 중 일부입니다(가나다순).

No	단체명	홈페이지 주소	사업 분야
1	국경없는의사회	https://msf.or.kr/	국제구호·개발, 의료보건
2	굿네이버스	http://www.goodneighbors.kr	교육·장학, 사회복지, 국제구호·개발, 의료보건
3	굿피플	https://www.goodpeople.or.kr/	교육·장학, 사회복지, 국제구호·개발, 의료보건
4	그린피스	https://www.greenpeace.org/korea/	환경, 국제구호·개발
5	글로벌케어	http://www.globalcare.or.kr/	교육·장학, 국제구호·개발, 의료보건
6	기아대책기구	http://www.kfhi.or.kr/	교육·장학, 사회복지, 국제구호·개발, 의료보건
7	다음세대재단	http://www.daumfoundation.org/	교육·장학, 비영리지원
8	다일공동체	http://dail.org/	교육·장학, 사회복지, 국제구호·개발, 의료보건
9	대한사회복지회	https://www.sws.or.kr/	교육·장학, 사회복지
10	대한적십자사	https://redcross.or.kr/main/main.do	재난구호, 공공의료, 남북교류, 혈액
11	동방사회복지회	https://www.eastern.or.kr/	교육·장학, 사회복지, 의료보건, 기타
12	러빙핸즈	http://www.lovinghands.or.kr/	교육·장학, 사회복지, 국제구호·개발
13	밀알복지재단	http://www.miral.org/main/main.asp	사회복지, 문화·예술, 국제구호·개발
14	부스러기사랑나눔회	http://www.busrugy.or.kr/	교육·장학, 사회복지, 국제구호·개발
15	비전케어	http://www.vcs2020.org/	의료보건, 기타
16	사랑의장기기증운동본부	https://www.donor.or.kr/home/index.asp	의료보건, 기타
17	사회복지공동모금회	https://chest.or.kr/base.do	사회복지, 의료보건, 긴급구호, 모금배분
18	세이브더칠드런	https://www.sc.or.kr/	교육·장학, 사회복지, 국제구호·개발, 의료보건
19	아름다운가게	http://www.beautifulstore.org/	문화·예술, 스포츠, 학자금·장학금지원, 병원경영, 의료보건, 사회복지
20	아산나눔재단	https://asan-nanum.org/	사회복지, 기타
21	아이들과미래재단	http://www.kidsfuture.or.kr/	교육·장학, 국제구호·개발, 의료보건
22	아프리카미래재단	https://africaff.modoo.at/	국제구호·개발, 의료보건
23	엔젤스헤이븐 (은평천사원)	http://www.angelshaven.or.kr	교육·장학, 사회복지, 국제구호·개발, 의료보건
24	열매나눔인터내셔널	http://www.myi.or.kr/	교육·장학, 사회복지, 국제구호·개발, 의료보건
25	옥스팜코리아	http://www.oxfam.or.kr/	교육·장학, 국제구호·개발
26	월드비전	https://www.worldvision.or.kr/	교육·장학, 사회복지, 문화·예술, 국제구호·개발, 의료보건

세상을 바꾸는 씨앗 유치부 교사용

27	월드휴먼브리지	http://www.whb.or.kr/	교육·장학, 국제구호·개발, 의료보건
28	유니세프 한국위원회	https://www.unicef.or.kr	교육·장학, 문화·예술, 국제구호·개발, 의료보건, 기타
29	유엔난민기구	https://www.unhcr.or.kr/unhcr/main/index.jsp	난민보호, 국제구호·개발, 의료보건
30	이랜드복지재단	https://www.elandcsr.kr/	사회복지, 교육·장학, 국제구호·개발
31	지파운데이션	https://gfound.org/	교육·장학, 국제구호·개발, 의료보건
32	초록우산어린이재단	https://www.childfund.or.kr/main.do	교육·장학, 사회복지, 국제구호·개발, 의료보건
33	컨선월드와이드	https://concern.or.kr/	국제구호·개발, 의료보건
34	코피온	http://www.copion.or.kr/	교육·장학, 국제구호·개발, 의료보건, 기타
35	태화복지재단	https://taiwhafound.org/main	사회복지, 교육·장학, 국제구호·개발
36	팀앤팀	http://www.teamandteam.org/	식수 및 보건위생(WASH), 난민지원, 긴급구호
37	플랜코리아	https://www.plankorea.or.kr/	교육·장학, 국제구호·개발, 의료보건
38	하나를 위한 음악재단	http://music4one.org/	문화·예술, 기타
39	하트-하트재단	http://www.heart-heart.org/	교육·장학, 사회복지, 문화·예술, 국제구호·개발, 의료보건
40	한국백혈병소아암협회	http://www.soaam.or.kr/	사회복지, 의료보건
41	한국실명예방재단	http://www.kfpb.org/	사회복지, 의료보건
42	한국아동청소년그룹홈협의회	http://www.grouphome.kr/pages/page_1.php	아동그룹홈지원사업, 아동그룹홈 관련 정책/연구사업, 국내외협력사업
43	한국장애인재단	http://www.herbnanum.org/	사회복지
44	한국컴패션	https://www.compassion.or.kr/	교육·장학, 국제구호·개발, 의료보건, 기타
45	한국펄벅재단	http://www.pearlsbuck.or.kr	사회복지, 교육·장학, 의료·보건, 기타
46	한국해비타트	http://www.habitat.or.kr/	사회복지, 국제구호·개발, 기타
47	한림화상재단	http://www.hallymburnfund.org/	사회복지, 의료보건
48	함께 걷는 아이들	https://www.withu.or.kr	사회복지
49	홀트아동복지회	https://www.holt.or.kr/	교육·장학, 사회복지, 국제구호·개발, 의료보건
50	희망브리지 전국재해구호협회	https://www.relief.or.kr/	재해재난구호

출처

KCOC(국제개발협력민간협의회) http://www.ngokcoc.or.kr/theme/ngokcoc/03/member00.php
한국자선단체협의회 http://www.charitykorea.kr/npokorea/lay1/S50T51C85/contents.do
재단법인 한국가이드스타 http://www.guidestar.or.kr/web/main